TRAVAILLER ET FAIRE TRAVAILLER EN ÉQUIPE

Éditions d'Organisation
Groupe Eyrolles
61, bd Saint-Germain
75240 Paris Cedex 05

www.editions-organisation.com
www.editions-eyrolles.com

DANS LA MÊME COLLECTION :

Doper sa carrière d'enseignant, Catherine Coudray-Betoulle

Être l'acteur de son cours, Cécile Berthier-McLaughin et Michèle Harfaut

Aider les élèves en difficulté, Sandrine Maury

Le code de la propriété intellectuelle du 1er juillet 1992 interdit en effet expressément la photocopie à usage collectif sans autorisation des ayants droit. Or, cette pratique s'est généralisée notamment dans l'enseignement, provoquant une baisse brutale des achats de livres, au point que la possibilité même pour les auteurs de créer des œuvres nouvelles et de les faire éditer correctement est aujourd'hui menacée.

En application de la loi du 11 mars 1957, il est interdit de reproduire intégralement ou partiellement le présent ouvrage, sur quelque support que ce soit, sans autorisation de l'éditeur ou du Centre français d'exploitation du droit de copie, 20, rue des Grands-Augustins, 75006 Paris.

© Groupe Eyrolles, 2009
ISBN : 978-2-212-54293-6

Estelle MATHEY & Florence MÉRILLOU

TRAVAILLER ET FAIRE TRAVAILLER EN ÉQUIPE

Sommaire

PARTIE 1
COMPRENDRE LE FONCTIONNEMENT DES GROUPES EN SITUATION D'ENSEIGNEMENT

FICHE 1
COMMENT FONCTIONNE UN GROUPE ? 3
- Qu'est-ce qu'un groupe ? 3
- Les phénomènes de groupe 5

FICHE 2
LE LEADERSHIP 9
- La figure du chef 9
- Fonctions du leader, relation d'autorité et style de leadership 12

FICHE 3
L'IMITATION DANS UN GROUPE 15
- Mimétisme et cohésion 15
- Conformisme et normalisation 17
- Résistance au changement et conduites déviantes 19

FICHE 4
RÔLES ET ATTITUDES DE GROUPE 21
- Les rôles imposés par la fonction 21
- Rôles positifs, rôles négatifs 22
- Émotions collectives, attitudes et dérives du groupe 24

FICHE 5
LES TECHNIQUES D'ANIMATION 27
- Gérer la parole du groupe 27
- Gérer les performances mentales des élèves 30

FICHE 6
L'IMPORTANCE DE LA PAUSE 33
- Rythmes de travail 33
- Une pause... et ça repart ! 36

FICHE 7
LES ÉMOTIONS DE GROUPE 39
- Les sentiments en jeu dans les relations interpersonnelles 39
- Les modes émotionnels propres au conflit 41
- Les émotions parasites 43

FICHE 8
GÉRER ET RÉSOUDRE LES CONFLITS.. 45
    Les conflits entre personnes 45
    Le chef contesté 47
    Les conflits liés aux contenus et aux méthodes 48

PARTIE 2
TROUVER SA PLACE DANS L'ÉTABLISSEMENT

FICHE 9
S'INTÉGRER DANS UNE ÉQUIPE 53
    S'intégrer dans un nouvel établissement 53
    S'intégrer dans l'équipe disciplinaire.................................... 54
    Accueillir un collègue 56

FICHE 10
FAIRE UN REMPLACEMENT.. 59
    Régler les détails matériels 59
    Prévoir un cours « béton » 61

FICHE 11
TRAVAILLER AVEC TOUTE L'ÉQUIPE ÉDUCATIVE 65
    Les activités pédagogiques 65
    La discipline et l'orientation 67
    Les difficultés des élèves 69

FICHE 12
COORDONNER UNE ÉQUIPE PÉDAGOGIQUE 73
    Gérer les ressources communes.. 73
    Informer et communiquer 74
    Organiser les actions de tous 77

FICHE 13
PRÉPARER UN CONSEIL DE CLASSE... 79
    La préparation 79
    La conduite du conseil.. 80

FICHE 14
TRAVAILLER EN PARALLÈLE AVEC UN COLLÈGUE 85
    Organiser le cours 85

Gérer les élèves 87
Se répartir les tâches annexes 88

PARTIE 3
FAIRE TRAVAILLER LES ÉLÈVES EN GROUPE

Fiche 15
POURQUOI FAIRE TRAVAILLER LES ÉLÈVES EN GROUPE ? 93
Créer ou renforcer des liens 93
Développer des compétences 95

Fiche 16
OPTIMISER LE TRAVAIL DE GROUPE 99
Observer la prise de parole dans un groupe 99
Veiller à l'équilibre des rôles 102

Fiche 17
CONSTITUER DES GROUPES 105
Qui constitue les groupes ? 105
Quels groupes ? 109

Fiche 18
LES RÔLES DU PROF 113
Avant d'« abandonner » les élèves… 113
Pendant le travail de groupe 116

Fiche 19
LIER EFFORT INDIVIDUEL ET ACTIVITÉ DE GROUPE 121
Les moments d'autonomie 121
Rencontres intergroupes 123
Retour à la case… classe 125

Fiche 20
ÉVALUER LE TRAVAIL DE GROUPE 129
Qui évalue ? 129
Qu'évalue-t-on ? 131
Les modalités de l'évaluation 132

PARTIE 4
MONTER UN PROJET

FICHE 21
MONTER UN PROJET (ET MOTIVER SES COLLÈGUES !) 139
    La solidité de l'entreprise 139
    La capacité du projet à fédérer des volontés 141

FICHE 22
QUELS PROJETS DANS UN ÉTABLISSEMENT SCOLAIRE ? 145
    S'inscrire dans des dispositifs nationaux ou académiques 145
    Apporter une spécificité personnelle à son établissement 147
    Sortir de l'établissement 149

FICHE 23
TRAVAILLER EN TOUTE SÉRÉNITÉ — ET LÉGALITÉ 153
    Formaliser le projet 153
    Obtenir les autorisations 156

FICHE 24
FINANCER LE PROJET 159
    Les besoins 159
    Les recettes 161

FICHE 25
TROUVER DES PARTENAIRES 165
    Des membres de votre établissement 165
    Des représentants de l'État 166
    Des musées 169
    Des particuliers, associations ou entreprises privées 169
    La presse 170

FICHE 26
MONTER UN PROJET INTERDISCIPLINAIRE 173
    Dans quel cadre travailler en interdisciplinarité ? 173
    Comment travailler en interdisciplinarité ? 177

BIBLIOGRAPHIE 181

SIGLES ET ABRÉVIATIONS 183

Partie 1
Comprendre le fonctionnement des groupes en situation d'enseignement

Fiche 1

Comment fonctionne un groupe ?

Pince-mi et Pince-moi sont dans un bateau...

La langue française nous montre à quel point nous percevons le groupe comme la fusion des individus en une unité supérieure : nous disons la famille, la classe... pourtant, chaque être est différent des autres. Alors, pourquoi le groupe peut-il être perçu comme un tout ? Peut-on dire qu'il y a un comportement de groupe ? Le système éducatif fait la part belle au groupe. Savoir comment il fonctionne permet de tirer pleinement profit de cette situation.

QU'EST-CE QU'UN GROUPE ?

Les langues anciennes ne disposaient pas d'un mot pour désigner les ensembles de personnes hors du cercle de famille. Les hommes pensaient selon l'opposition individu/société même si, dans leur vie quotidienne, ils faisaient l'expérience de la solidarité des amis et de l'association au travail. Le terme français « groupe », emprunté à l'italien « *gruppo* », est apparu au XVIIe siècle, mais ce n'est que vers le milieu du XVIIIe siècle qu'il a désigné une réunion de personnes. Étymologiquement proche du mot « nœud », il véhicule l'idée dominante de cercle, de table ronde, d'égalité des membres qui nouent des relations.

L'influence du nombre et des relations interpersonnelles

Nous nous sentons plus ou moins proches des autres membres du groupe selon leur nombre et la faculté que nous avons de tisser des liens avec eux. Le groupe commence à partir de quatre personnes, chiffre à partir duquel le nombre de relations possibles entre les individus dépasse le nombre de membres. Dès lors, il a une influence sur l'individu.

Les types de groupes

Types de groupes	Influence sur l'individu	Dans l'Éducation nationale
La foule	Rassemblement spontané, propagation rapide des émotions, accès de violence possibles	Manifestations d'étudiants, de lycéens, de profs mécontents
La bande	Réunion fusionnelle d'individus, mimétisme évident, recherche de soutien et de sécurité	Copains, sous-groupe dans une classe…
Le groupement	Recherche d'efficacité grâce au nombre ou à la division du travail	Associations de type loi de 1901, syndicats d'enseignants, fédérations de parents d'élèves…
Le groupe restreint	Moins de 50 personnes, relations interpersonnelles riches	Équipes pédagogiques, équipes disciplinaires, classes…
L'organisation	Groupe très hiérarchisé, procédures et règlements stricts, rapports formels, impersonnels	Ministère de l'Éducation nationale, établissement d'enseignement…

Groupe restreint et identité individuelle

Le groupe est formateur dans tous les domaines de la vie psychique : c'est là que le jeune acquiert la conscience de soi et de sa singularité sociale, mais aussi qu'il intègre les normes et les valeurs de son milieu. Au terme de son apprentissage social, se constitue pour lui un « groupe de référence », c'est-à-dire une image du groupe idéal dans lequel il aimerait vivre.

L'agressivité naît souvent d'une frustration ou de la sensation d'être exclu. De même, l'impuissance et la sensation de dépendance sont souvent causes de haine envieuse. Se sentir mal dans un groupe, quel qu'il soit, peut entraîner des actes délictueux (▶ fiche 8).

> **BON À SAVOIR**
>
> La personnalité de l'adolescent est dans une phase de construction. Il doit rencontrer la loi du groupe pour faire obstacle à son agressivité ou sa volonté de domination. Il doit aussi pouvoir se mesurer aux autres, se décentrer : il est essentiel qu'un jeune puisse s'identifier à d'autres jeunes, se comparer et comparer les attitudes qu'il observe avec ce qu'il voudrait devenir. Plus il aura ces occasions, plus elles présenteront de différences avec son milieu d'origine, plus sa véritable personnalité pourra se construire (▶ fiche 16).

À tout âge, y compris pour l'adulte, l'appartenance à un groupe met en jeu des forces ambivalentes : d'un côté, le groupe est perçu comme sécurisant, de l'autre, il réactive l'angoisse d'abandon : le simple fait d'être l'objet de regards entraîne une crainte plus ou moins forte d'être jugé, une timidité à prendre la parole... Cela conduit à rechercher des liens avec des partenaires, notamment avec son voisin...

L'identité individuelle a donc besoin du groupe pour se forger, mais elle y est parfois mise à rude épreuve.

LES PHÉNOMÈNES DE GROUPE

Quel que soit le type de groupe – mais particulièrement lorsqu'il se constitue de lui-même – des phénomènes communs sont invariablement constatés. Il s'agit de :
- l'émergence d'un leader (▶ fiche 2) ;
- l'identification des membres les uns aux autres. Après quelques réunions, les participants ont adopté des attitudes et des comportements communs (▶ fiche 3) ;
- l'adhésion inconsciente à des stéréotypes : le groupe utilise alors un « nous » communautaire assorti de narcissisme collectif.

De ces invariants caractéristiques du groupe peuvent découler d'autres phénomènes, que vous pourrez facilement induire si nécessaire ou contre lesquels vous devrez lutter, selon vos intentions.

Sécurité et agressivité

Le groupe est protection, soutien, consolation… Très vite, le groupe empêche les intrusions et retourne des sentiments négatifs très forts contre tout ce qui est extérieur. De la relation privilégiée avec quelques-uns naissent la suspicion et l'hostilité envers tout ce qui est autre. Le groupe, qui se vit comme une bulle étrangère au monde où l'échange est bonheur, devient extrêmement agressif avec les individus extérieurs ou avec les autres groupes.

Dans notre discipline, nous faisons face au quotidien à l'agressivité et à l'esprit de compétition des jeunes. Il s'agit même du principal moteur qui permet à une équipe de se souder pour trouver la force de triompher d'une autre. J'ai souvent remarqué que la manière dont un groupe en perçoit un autre est pleine de préjugés négatifs. Lors d'un tournoi sportif, par exemple, les sentiments d'agressivité envers les autres équipes sont très forts, même si les équipes ont été constituées à partir d'un seul groupe de base, en l'occurrence d'une même classe… On peut même voir disparaître les liens amicaux entre deux copains que le hasard n'a pas mis dans la même équipe!
Il est très difficile de lutter contre cette agressivité, les seules solutions efficaces étant de placer les groupes qui s'opposent face à une activité qui oblige tous les individus à coopérer ou de faire varier les groupes de manière à ne pas les figer. Une fois par an, nous réunissons toutes les équipes de l'UNSS pour leur faire nettoyer ensemble les terrains de sport. À ce moment-là, des relations normales se rétablissent.»

Jean-Marie, professeur d'EPS en collège, responsable UNSS.

Organiser le groupe : la notion d'équipe

Un groupe livré à lui-même se comporte toujours de la même manière : il prend du plaisir à être ensemble et c'est tout! Il oublie le reste du monde et adopte un comportement infantile, refusant les responsabilités.

Confronté à un problème, à moins que quelqu'un ne prenne le commandement avec fermeté, le groupe devient émotif et irrationnel :

en règle générale, il choisit la solution la moins contraignante, la moins risquée, la moins difficile, la moins coûteuse, la moins innovante… De même, il a tendance à repousser les échéances, à différer l'engagement ou la prise de décision.

Il faut donc gérer le groupe si l'on veut qu'il travaille (▶ fiche 17) ! Pour cela, l'animateur doit assigner un rôle clair à chacun, préciser les buts du travail, les objectifs et les attentes, et surtout, fixer un délai ! Bref, former une équipe de travail !

Efficacité du travail de groupe

De nombreux adolescents apprécient le travail de groupe, car la présence des autres les rassure. Vous les mettrez ainsi plus facilement au travail. Une autre raison pour laquelle travailler en groupe remporte l'adhésion des élèves est qu'ils ont l'illusion que leur travail a été plus efficace et moins rébarbatif.

Un autre problème est le travail avec les collègues… Beaucoup de profs sont en définitive très individualistes, et ne savent pas travailler en groupe. Il faudra les convaincre que – outre un gain de temps très appréciable et une division des tâches riche en découvertes – le travail en équipe apporte la satisfaction de la coopération, le soutien de l'équipe et toutes les joies des phénomènes de groupe ! Même si, parfois, travailler seul est plus efficace, les apports du groupe sont toujours très positifs. Les fiches de cet ouvrage vous seront utiles pour motiver et convaincre vos collègues récalcitrants.

Savoir utiliser le fonctionnement des groupes à son avantage est le rêve de beaucoup d'entre nous ! Mais il faut parfois se contenter de ne pas faire de grosses erreurs, et se souvenir qu'une humiliation publique peut être efficace à court terme, mais avoir des conséquences dévastatrices…

Fiche 2

Le leadership

Être calife à la place du calife...

> *Hiérarchie, charisme, autorité, pouvoir... Qui est le chef ? Est-ce lui qui fonde et soude le groupe, ou est-ce parce qu'un groupe se crée qu'il émerge comme indispensable ? Quoi qu'il en soit, qui dit « groupe » dit meneur, qu'il soit chef, prof, proviseur ou encore ministre...*

LA FIGURE DU CHEF

Hiérarchie et autorité

Au travail, à l'école, la relation aux autres est la plupart du temps une relation hiérarchique : quelqu'un a été nommé pour diriger. C'est le chef institutionnel, et son simple statut fait qu'il est perçu comme supérieur, seul au sommet. Ses subordonnés lui sont soumis par principe. C'est une vision caricaturale, certes, mais c'est peut-être celle que certains enseignants, parents d'élèves et élèves se font des profs.

Ce qui fonde l'autorité, c'est l'idéalisation de la personne. C'est une image de compétence, d'influence ou de pouvoir. Toute relation authentique avec le chef, toute prise de conscience qui désacralise le chef dissout – en partie ou totalement – la relation d'autorité. La question à se poser, en tant que leader d'un groupe, est par conséquent celle de sa relation aux autres : trop de proximité, trop de confidences nuisent à l'image de pouvoir. Quelle image le prof veut-il/doit-il donner de lui-même ?

> **BON À SAVOIR**
>
> 70 % des personnes interrogées déclarent se ranger volontiers derrière une personne dont l'image leur semble puissante. À peu près le même pourcentage pense qu'un chef doit être autoritaire.
> La manière dont est contrôlée l'information est un bon indicateur du rapport d'autorité : celui qui détient l'information que les membres du groupe aimeraient connaître – et qui peut donc instaurer un rapport de dépendance envers lui et d'incertitude face aux enjeux – détient un grand pouvoir.

Reconnaître la « personne centrale »

Tous les profs savent que, même s'ils sont officiellement investis de l'autorité dans la classe, il peut arriver – hélas ! – qu'ils n'en soient pas la personne centrale... La personne centrale, c'est celle (parfois un élève) qui polarise une émotion collective : chaque membre du groupe est relié à elle de manière affective. Elle peut donc venir concurrencer le chef institutionnalisé, ou au contraire venir conforter son leadership. Dans un groupe, ou face à un groupe, il est souvent essentiel d'identifier cette personne, de se situer par rapport à elle.

Si les deux rôles coïncident, chef institutionnel et personne centrale, alors le leader est légitimé, le groupe est stable et peut travailler dans de bonnes conditions. Si la personne centrale est une autre personne que le leader institutionnel, il est indispensable de l'identifier et de comprendre pourquoi elle a pu ainsi cristalliser l'émotion. Lorsque c'est chose faite, deux modalités de gestion du groupe se dessinent :

- la négociation avec cette personne est possible : le leader exploite la cohésion du groupe en donnant avec tact les indications et les directions ;
- la négociation est impossible : la personne centrale refuse toute coopération, en général parce qu'elle veut prendre la place du chef. Le conflit est alors difficile à éviter (▶ fiche 8).

> **BON À SAVOIR**
>
> On peut essayer, par diverses techniques de gestion de groupe (▶ fiche 5), de modifier les états émotionnels du groupe pour le ramener au leader institutionnel.

En fonction de l'émotion ressentie, on peut dégager différents types de personnes centrales.
- Le patriarche (la sécurité) : il est d'aspect sévère, bon et juste, sécurisant et respecté. Il est facilement obéi, influence durablement les élèves, mais aucun ne rêve d'être comme lui…
- Le leader (l'admiration) : encore jeune, habile – voire expert – dans son domaine, il est proche des élèves qui souhaitent lui ressembler. Il peut engendrer le désir de le surpasser dans le futur.
- Le tyran (la peur) : c'est un maniaque de la discipline, qui inspire une vraie crainte aux élèves : ils se soumettent mais se méfient les uns des autres. Son sadisme est contagieux… pas de cadeaux, pour personne !
- Le héros (la révolte) : c'est celui – souvent un élève – qui finit par se révolter contre le tyran. Les autres sont alors libérés et se soudent autour de lui, d'autant plus fort que la tyrannie était pesante. Il garde longtemps son prestige.
- Le sale type (l'agressivité) : il est plus modéré que le tyran, mais il est haï par tous. Les élèves se dominent pour éviter ses sanctions, ce qui les rend très solidaires, unis par leur hostilité envers celui qu'ils considèrent comme un anti-modèle.
- Le chéri (l'amour) : toutes les filles en sont amoureuses, elles fusionnent dans l'adoration de leur idole. Les garçons sont fascinés et voudraient intérioriser ce fichu pouvoir… Bien entendu, cela marche aussi dans l'autre sens : la chérie existe…
- Le « businesseur » (la transgression) : il fait du « business », il trafique, il ravitaille et permet la réalisation de désirs interdits ou réprimés. Il déculpabilise ainsi ceux qui participent avec lui à des plaisirs défendus.
- Le séducteur (admiration + transgression) : il est perçu comme un déviant, qui aurait eu le courage de passer à l'acte. Ses camarades sont à la fois tentés et déculpabilisés. Véritablement séduits, ils se sentent autorisés à se conduire comme lui. Il est redoutable s'il est chahuteur, car le chahut sera généralisé.
- Le mauvais exemple (admiration + agressivité) : proche du séducteur, il n'est pas passé à l'acte. Il exerce une influence négative qui ne s'exprime jamais ouvertement. Par sa seule présence, il encourage les

autres à transgresser les règles, mais lui ne se mouille pas. Il est donc d'autant plus redoutable qu'on ne peut pas le sanctionner.

FONCTIONS DU LEADER, RELATION D'AUTORITÉ ET STYLE DE LEADERSHIP

À quoi sert le chef ?

Il a principalement trois fonctions :
- faciliter les conditions psychologiques et matérielles (convoquer les participants, exposer les objectifs, déterminer les tâches, préparer les documents, encourager la participation, valoriser les progrès et les avancées, ménager des pauses...) ;
- réguler les relations (gérer le temps, trancher les litiges, modérer, canaliser, sanctionner, stimuler et recentrer sur l'objectif ceux qui s'égarent...) ;
- synthétiser ou produire (exiger les résultats, contrôler ou formuler les conclusions, faire circuler l'information...).

Petite typologie des leaders

Le comportement des membres d'un groupe dépend beaucoup de l'attitude du leader. Cette attitude oscille entre trois tendances : le chef autocratique, le chef démocratique et le chef démissionnaire.
- Le chef autocratique : il concentre tous les pouvoirs, prend les décisions, détermine les tâches de chaque membre, fixe les méthodes, compose les sous-groupes, évalue les résultats, valorise ou critique, mais ne participe pas au travail. Il est le garant du travail qui cesse dès qu'il s'absente. Le travail est fait sans plaisir, des divisions internes apparaissent. Ce style crée l'hostilité envers le chef, aucune sociabilité entre les membres et favorise la compétition. Deux types de groupes se dessinent, les groupes où l'agressivité est évidente et ceux où elle se masque derrière une façade apathique.
- Le chef démocratique (ou coopératif-fonctionnel) : il décide après discussion avec le groupe, donne des alternatives et des objectifs

généraux. La répartition assez spontanée du travail entre les membres les divise librement en sous-groupes. Les interventions du chef sont plutôt objectives et centrées sur la tâche, et il participe aux travaux. Les membres s'estiment globalement assez satisfaits de leur participation, et le travail est fait efficacement.
- Le chef démissionnaire : il participe peu aux décisions et pas du tout au travail, ne se détermine pas, n'aide pas, ne fournit ni matériel ni information, n'intervient à aucun niveau et n'évalue pas. Le groupe connaît des difficultés à démarrer, les échanges sont désordonnés, aucun consensus n'intervient, la synthèse est finalement faite par un volontaire plus intéressé qui liste ce qui a été fait. Quelques remarques originales et très fines peuvent y figurer, mais elles ne sont jamais exploitables. Certains membres apprécient ce style de *leadership* pour l'impression de liberté de parole qu'il procure.

> À l'intérieur de l'établissement dont il a la responsabilité, le chef d'établissement dispose d'un grand pouvoir de décision : entre autres, c'est moi qui attribue les services et emplois du temps des professeurs, qui autorise les initiatives individuelles, qui prends la décision définitive d'orientation des élèves et qui suis maître des sanctions disciplinaires ; je suis aussi arbitre en cas de conflits entre enseignants, élèves et parents. À ce titre, je peux imposer ma volonté sans dialogue. Mais c'est justement le piège à éviter ! Il est plus judicieux de déléguer certaines tâches et de superviser simplement la bonne marche du travail. Par exemple, pour que les enseignants se sentent reconnus, je préfère leur laisser la liberté de se répartir les classes entre eux. De même, pour proposer à une famille un redoublement que je pense profitable, je fais toujours en sorte de proposer un choix à l'élève et sa famille, de manière à ce que le redoublement soit choisi, et donc mieux vécu. Je délègue beaucoup de tâches à mes adjoints, aussi lorsque je mets mon veto à quelque chose, c'est perçu comme nécessaire. Même s'il est tentant de connaître l'ivresse du pouvoir, je reste convaincu que c'est souvent contre-productif, et qu'on s'expose en outre au coup d'état ! »

Philippe, proviseur d'une cité scolaire.

De nombreuses expériences montrent qu'en termes de satisfaction des participants et d'efficacité du travail, le groupe démocratique est de loin le plus performant. Ce n'est pourtant pas le modèle le plus répandu !

On le voit, être chef est très difficile. Ce rôle provoque souvent des remises en question personnelles ou induites par d'autres membres du groupe : c'est en effet le plus surveillé et le plus attaqué des rôles, car c'est un rôle de représentation tout autant que d'action. Pensez à soigner votre image et à être attentif aux états émotionnels des autres membres du groupe en question (collègues, collaborateurs, élèves...).

Fiche 3

L'imitation dans un groupe
Dupont et Dupond

Parodies, pastiches, caricatures... une très grande variété de pratiques atteste la vitalité et les ressources de l'imitation dans nos psychismes. Les bébés imitent par leurs vocalises le langage des parents, les apprentis reproduisent le geste de l'expert qu'ils veulent égaler, les touristes observent les mœurs pour se conformer aux usages étrangers... Apprentissage sans pédagogie, formidable potentiel comique, reflet de l'identité culturelle... Qu'est-ce que le mimétisme ? Quelle est son importance dans un groupe ?

MIMÉTISME ET COHÉSION

Les membres d'un groupe adoptent facilement des comportements et des apparences similaires. Certaines amies se ressemblent même dans le détail de leur écriture. Moins ils sont détendus, plus les gens adoptent les comportements de leur entourage. C'est du mimétisme.

L'imitation n'est pas forcément une pratique condamnable ! C'est au contraire une méthode terriblement efficace pour apprendre. Les répétitions sont les moments de mise au point de processus complexes... Dans de nombreuses disciplines, le modèle à reproduire est aussi celui qui sert de contrôle à l'activité. Ce modèle peut être intériorisé par l'élève, ou être une personne qui accompagne l'apprentissage, fournit les ressources nécessaires au moment opportun et s'efface progressivement.

Il est difficile d'apprendre une langue vivante sans avoir recours à l'imitation d'un modèle de langue authentique. En italien, nous travaillons surtout grâce à des enregistrements, car il y a encore très peu

d'assistants de langue italienne dans les établissements du second degré. Un autre outil indispensable est le laboratoire de langues, qui permet à chaque élève de s'enregistrer et comparer son enregistrement à celui d'un italophone. Le principal obstacle que je rencontre avec les productions orales des élèves de seconde qui débutent est qu'ils n'osent pas reproduire fidèlement ce qu'ils entendent. Comme la langue est chantante, ils ont peur d'en "faire trop" devant les copains. Ils finissent par parler tous pareil : de l'italien avec un accent français très marqué. J'ai parfois l'impression qu'ils s'imitent plus les uns les autres qu'ils n'imitent le modèle !»

Céline, professeur d'italien en lycée.

L'esprit de corps

En fait, chacun modifie son attitude sous l'influence des autres au point que tous se ressemblent. Cette imitation est partiellement consciente et intentionnelle.

Une des manifestations principales de l'esprit de corps est que le groupe se soude s'il se sent menacé. C'est un ressort dont on peut se servir : face à une menace extérieure même imaginaire, le groupe cherchera à affirmer sa solidarité : c'est « l'union sacrée ».

Voici les autres facteurs qui favorisent la cohésion d'un groupe :
- la proximité sous toutes ses formes (âge, place, profession, statut matrimonial…) ;
- l'attrait d'une activité ou d'un but commun (projet exaltant, sport collectif…) ;
- la fierté de l'appartenance au groupe (prestige, puissance, sécurité…) ;
- la satisfaction de besoins personnels (disparition de la solitude, exhibitionnisme affectif, soif de reconnaissance…).

Coopération et fusion

- Dans un groupe de travail, la coopération unifie les contributions individuelles, à tel point qu'un prof peut avoir l'impression que deux élèves ont triché, alors qu'ils ont simplement travaillé ensemble…

- On observe deux autres degrés dans le phénomène de mimétisme : après la coopération vient la production collective, qui impose un partage des tâches et une distribution des rôles. C'est évidemment le stade le plus efficace du travail de groupe.
- La troisième étape réalise la fusion des individus dans une illusion euphorique. La fusion est dépersonnalisante : elle agit comme une force hypnotique, responsable d'erreurs de jugement ; l'activité du groupe est extrêmement limitée, voire nulle.

> **BON À SAVOIR**
> En tant que prof, vous devez essayer de limiter ces phénomènes de fusion : mettez en évidence les divergences qui existent entre les opinions des membres des groupes qui commencent à fusionner.

CONFORMISME ET NORMALISATION

Même le chef du groupe – qui dispose pourtant d'une certaine marge de manœuvre – doit se conformer aux normes une fois qu'elles sont instaurées, s'il veut garder son leadership. Bien peu de personnes savent braver l'impopularité pour imposer en public leurs convictions et se cantonnent dans une démagogie sans panache. Plusieurs facteurs déterminent la tendance à se conformer à l'opinion générale :
- si le sujet est ambigu, difficile à juger, l'individu se rangera derrière l'opinion majoritaire ;
- si l'individu doit exprimer publiquement son point de vue, la crainte de déplaire, la difficulté à énoncer son désaccord seront déterminantes ;
- si son point de vue s'oppose à une forte majorité d'avis contraires et que l'individu est heureux d'appartenir au groupe, s'il a peur d'être sanctionné ou exclu.

> **BON À SAVOIR**
>
> Pour mieux communiquer, adaptez votre langage et vos manières au groupe. Observez le niveau de langue, le registre des échanges entre ses membres. Puis adaptez-vous simplement. Il ne s'agit pas de vous transformer en perroquet, mais de favoriser les échanges en adoptant le mode de communication ambiant. Par exemple, évitez les familiarités auprès des gens sophistiqués, évitez aussi les effets oratoires complexes dans une assemblée détendue... Restez authentique et naturel dans vos propos, mais n'oubliez pas que le langage est une pièce maîtresse de l'identité du groupe.

L'« effet Janis »

Le psychologue américain Irving Janis a étudié les phénomènes de groupe dans les années 1970. Il a mis en évidence le phénomène d'aveuglement qui peut affecter les groupes : l'esprit de corps étouffe toute pensée critique indépendante, provoquant un ensemble de décisions irrationnelles et catastrophiques. Voici ce qui prédispose à cet aveuglement collectif, appelé « effet Janis » :

- une forte cohésion du groupe ;
- un groupe isolé, parfois dans une position de pouvoir ;
- un leader très directif (▶ fiche 2), voire tyrannique et qui inspire la peur. Les membres ont tendance à s'autocensurer ;
- un contexte stressant, une menace extérieure est ressentie. Parfois, on constate des pressions directes à l'égard des membres potentiellement dissidents ;
- des méthodes de travail qui n'ont pas été soigneusement définies, particulièrement le contrôle et le traitement de l'information.

Toutes proportions gardées, l'effet Janis peut être constaté dans un établissement scolaire, à l'intérieur d'une équipe de direction ou dans une équipe disciplinaire conduite par des personnalités caractérielles. Pour éviter cela, il faut accepter les divergences, les désaccords, ne pas rejeter les solutions originales ou les arguments nouveaux. Cela dépend du leader, mais aussi du degré d'indépendance des membres du groupe, et de leur capacité à gérer les conflits (▶ fiche 8).

Adieu l'originalité…

En unifiant les participations et les productions de chaque membre du groupe, le conformisme s'oppose à la créativité. Les idées originales ont peu de chance de naître, le groupe doit souvent se contenter d'une pensée moutonnière rassurante. Aussi, lorsqu'une idée paraît vraiment absurde, creusez la question, car il se pourrait bien qu'il s'agisse d'une question centrale ou novatrice éludée par « l'esprit de groupe » !

RÉSISTANCE AU CHANGEMENT ET CONDUITES DÉVIANTES

C'est un phénomène bien connu : toute action pour faire changer d'avis un groupe de personnes se heurte à une résistance qui la neutralise. Si on insiste, le groupe se ferme ou devient agressif. Pour réduire cette résistance interne, seule la discussion de groupe a quelques chances de succès. Cela consiste à introduire l'idée à débattre dans le groupe. La discussion permet à chacun de s'approprier l'idée nouvelle, donc de désamorcer la résistance à l'innovation et l'anxiété qui en résultent d'ordinaire. Si l'idée est bonne, on peut espérer qu'elle s'imposera… Ensuite, le conformisme conduira les plus réfractaires à l'adopter !

> **BON À SAVOIR**
>
> Les ados adoptent facilement des conduites à risques ou de transgression. La transgression, la plupart du temps, est une demande de dialogue avec l'autorité ou avec l'adulte. La conduite à risques, quant à elle, est le résultat de l'illusion de sécurité induite par le groupe : comme certains animaux en meute, les membres du groupe se croient invulnérables parce qu'ils sont nombreux. Le charisme du leader peut conduire à des actes insensés, et plus la charge émotionnelle est intense, plus la tendance à perdre la raison est grande. Agir sur le groupe pour diminuer cette pression affective s'avère bénéfique, voire indispensable (▶ fiche 7).

Le traître et le réformateur

En règle générale, toute conduite qui s'écarte intentionnellement des normes du groupe, même une conduite simplement fantaisiste, est perçue comme une déviation condamnable, et provoque contre elle des réactions plus ou moins violentes. Après une étape de tolérance relative, où la majorité conformiste cherche à ramener le traître à la raison, le groupe va finalement l'isoler, le sanctionner, puis l'expulser.

Si le déviant reste isolé dans le groupe, il est quasi impossible qu'il réussisse à faire valoir son opinion, mais si sa cause est positive et qu'il réussit à entraîner quelques personnes avec lui, ses chances de succès sont meilleures. Selon le moment auquel elle intervient, une minorité peut faire prévaloir son opinion. Si elle comporte des experts indiscutables, si elle est composée d'éléments populaires ou si elle fait preuve d'une équité remarquable, elle peut triompher. Elle doit compter sur le temps, et réaffirmer régulièrement ses positions tout en faisant preuve d'ouverture. Si elle l'emporte, le déviant devient leader, le réprouvé devient réformateur, et une nouvelle majorité s'installera dans un nouveau conformisme…

En guise de conclusion, faisons l'éloge de la fantaisie et de la libre-pensée. Ce sont elles qui vous guideront dans votre appréciation des groupes. En effet, elles sont acceptées et gentiment canalisées dans les groupes qui ont un comportement sain et respectueux des personnes…

Fiche 4

Rôles et attitudes de groupe
Le bon, la brute et le truand…

C'est une évidence, souvent oubliée : un groupe n'existe que lorsque des individus se réunissent ! C'est-à-dire que chacun est en partie responsable de ce qui se passe : sous le regard des autres, les identités se dévoilent, s'inhibent, s'exacerbent… Dans la classe, en réunion avec des collègues ou avec la direction, chacun joue son rôle. Mais ce rôle, le choisit-on ? Qu'est-ce qui détermine nos comportements lorsque nous sommes ensemble ?

LES RÔLES IMPOSÉS PAR LA FONCTION

Une forme de déterminisme social

Le statut d'une personne a une grande importance dans ses échanges avec les autres et il est très difficile d'échapper à ce déterminisme social. La plupart des gens se font une idée de ce qui est attendu d'eux et cherchent à s'y conformer de leur mieux. C'est perceptible dans l'effort vestimentaire, dans la nervosité de la voix. Ils ont peur de ne pas être à la hauteur…

> **BON À SAVOIR**
>
> Nous avons face à nous, le plus souvent, des individus qui jouent leur rôle… et nous sommes aussi prisonniers de ce petit jeu ! Cependant, détendre un peu les rapports, montrer de l'ouverture permet de rassurer la personne et rend le travail plus innovant. A contrario, face à la désinvolture de quelques collègues qui confondraient travail et loisir, il peut être indispensable de leur rappeler qu'ils sont des profs sur leur lieu de travail !

Les situations de blocage

Certaines situations peuvent devenir délicates, notamment quand les individus sont écartelés entre des missions irréconciliables (par exemple, le délégué de classe qui joue le rôle de porte-parole de ses camarades peut être en désaccord avec ce qu'il est chargé de rapporter, son malaise le démontre parfois). L'état émotionnel d'une personne étant souvent révélé par son attitude, ces situations sont faciles à détecter.

> **EN PRATIQUE**
>
> Il arrive que vous soyez confronté à un blocage dû à l'image que la personne se fait de son rôle, ce qui est fréquent dans le cas d'une négociation entre les délégués de deux groupes antagonistes. Que faire ?
> - Faites adopter un autre point de vue : un prof est aussi parent, un proviseur a souvent été prof... N'hésitez pas à inviter les individus à considérer la situation selon cet autre point de vue, qu'ils adopteraient dans un autre contexte.
> - Évoquez un problème assez semblable permettant de se projeter dans le futur ou dans un autre endroit, et demandez l'avis de tous sur ce problème : des convergences de bon sens apparaissent toujours.
> - Faites raconter comment une situation semblable a été résolue dans le passé. L'analogie avec la situation présente semblera évidente.
>
> Ces tentatives ont un effet surprenant et permettent de sortir de l'impasse, parce qu'elles offrent une ouverture que la barrière du statut interdisait.

RÔLES POSITIFS, RÔLES NÉGATIFS

Du non-engagement à la coopération

À chaque nouvelle réunion, chacun adopte instinctivement une position de retrait et de non-engagement, par timidité ou prudence. Si vous êtes l'animateur, vous devez faire évoluer ces rôles potentiellement négatifs vers des rôles de coopération : créez une impression de sécurité psychologique, de liberté de pensée et de parole. En effet, tant qu'on doute de la sincérité des autres, on se persuade aisément de l'existence d'un piège ! L'impression indispensable de liberté naît de l'idée qu'on est maître de ses décisions, y compris de quitter le groupe : c'est pourquoi l'animateur doit valoriser la présence de tous.

L'hétérogénéité des participants génère des tensions qui favorisent l'activité : chacun, en fonction de sa personnalité, de ses compétences, s'attribue une division de la tâche, dans une optique de coopération.

Les rôles de coopération

Ils sont nombreux mais on peut les regrouper en trois grandes catégories :
- les rôles *centrés sur la tâche* à effectuer (suggérer une voie ; donner son opinion ; poser des questions pertinentes ; informer ; évaluer le travail en cours…) ;
- les rôles *centrés sur le maintien de la cohésion* du groupe (montrer de la solidarité ; manifester son accord ; stimuler ; soutenir ; faciliter la communication…) ;
- les rôles *centrés sur la satisfaction* des besoins individuels (produire de la détente ; aménager l'espace ; offrir à boire…).

Les comportements perturbateurs

Trois comportements sont extrêmement efficaces pour paralyser l'action de groupe. La seule conduite à tenir est d'affirmer haut et fort à la personne qui se conduit ainsi qu'on n'est pas dupe de son manège et nier clairement et simplement la réalité de ce qu'elle dit :
- le *sauveur* est envahissant, il monopolise la parole, assène ses bonnes intentions : « Je suis venu pour vous aider. » En réalité, il paralyse toute activité par sa suffisance ;
- la *victime* est persuadée par avance de son échec, le pronostique, se lamente, finalement échoue et pleure, puis cherche à prouver son innocence au monde entier ;
- le *persécuteur* est très agressif, car persuadé que la cause de ses difficultés provient des autres. Il prend le groupe pour une tribune ou un tribunal.

Il existe malheureusement des sauveurs qui deviennent des victimes lorsqu'ils se sentent rejetés, des victimes qui deviennent persécutrices, et même des sauveurs-persécuteurs qui ne doutent de rien !

> **BON À SAVOIR**
>
> Attention à la gestuelle ! Les autres ne perçoivent de nous que notre corps, et nos gestes machinaux nous trahissent souvent. Il est donc important de ne pas en émettre de négatifs. Tapoter des doigts sur la table, regarder par la fenêtre, soupirer, regarder sa montre… indique l'impatience, l'indifférence, la lassitude, l'ennui… et peuvent agacer l'interlocuteur. Parmi tous les messages qui nuisent à la qualité de la relation et de la communication, il y a aussi les soupirs, les gestes frénétiques des jambes, les sourires entendus à un voisin, les cliquetis de stylos… De même, vous devez vous efforcer de ne pas être réceptif à ces signaux lorsqu'ils se manifestent chez les autres, en partant du principe qu'ils ne sont pas forcément volontaires ni conscients.

ÉMOTIONS COLLECTIVES, ATTITUDES ET DÉRIVES DU GROUPE

La simple réunion de personnes crée une émotion collective inconsciente, contagieuse, qui détermine les comportements.

Identifier les attitudes à l'œuvre

Les humains révèlent leur attitude devant autrui par une multitude de petits signes. Apprendre à les décoder est assez difficile, mais très constructif.

> **EN PRATIQUE**
>
> Voici comment vous pouvez réagir aux attitudes courantes adoptées fréquemment, aussi bien par les adultes que par les ados.
>
> *L'attitude de retrait* : arrivé en retard, il n'a pas retiré son anorak, ni sorti ses affaires, comme s'il comptait ne pas rester longtemps. Il est ailleurs. Il ne se sent pas impliqué dans le groupe, peut-être complexé ou pas intéressé par l'activité ? La solution est de l'impliquer au plus tôt en valorisant sa présence, en lui confiant une tâche simple mais importante.
>
> *Le dessinateur* : s'il dessine quand il est attentif, c'est peut-être pour lui le moyen de fixer son attention, mais s'il dessine pendant que le travail avance sans lui, il doit être invité à coopérer ! Vous pouvez lui confier un rôle de secrétaire : il devra écrire, puis résumer les conclusions du groupe.
>
> …/…

…/…

Le bavard : il parle à son voisin pendant que le groupe examine une hypothèse. Il cherche à fuir le groupe qui lui paraît menaçant en cherchant un allié. La plupart du temps, il discute du sujet du travail, mais il faut intervenir en demandant que toute intervention soit publique. Un autre bavard donne son avis sur tout, monopolise l'attention, coupe la parole… Il voudrait prendre la place du leader. Il faut canaliser ses interventions, au besoin par l'ironie – sauf s'il est réellement plus compétent !

L'écrivain : s'il prend des notes frénétiquement, c'est qu'il manque de confiance et veut fixer les échanges comme un secrétaire de séance. Sa contribution est à valoriser si le travail est bien fait : elle dote le groupe d'une mémoire collective. Mais il faut l'aider à participer.

L'agressif : son identité se sent menacée par la collectivité. Le rassurer n'est pas facile mais il faut le mettre à l'aise, et refuser fermement son agressivité pour lui montrer que les échanges sont régulés.

Le rigolard : faire rire les autres est son moyen d'exister. Il est parfois drôle, souvent lourd. Vous pouvez profiter un peu de la détente qu'il apporte, mais il faudra rapidement ignorer ses remarques et lui demander d'être sérieux pour éviter les dérapages.

Trois dérives du collectif

Trois sortes d'attitudes sont induites par cette émotion collective :
- la *dépendance* : les individus attendent d'être rassurés par le groupe, le leader ou une idéologie. Si le leader accepte le rôle, le groupe peut fonctionner, mais de manière infantilisée ;
- le *combat-fuite* : les individus luttent contre un ennemi commun, réel ou fantasmé. Cela peut être le leader, ou n'importe quel membre perçu comme traître. La principale activité du groupe est d'organiser sa défense ou de persécuter un bouc émissaire ;
- le *couplage* : deux individus développent une relation d'intimité ou d'hostilité dont le groupe devient spectateur. Le groupe, divisé, est nié.

Un groupe non dirigé évolue naturellement vers l'une de ces configurations. Il est alors difficile d'intervenir. C'est pourquoi il faut gérer le groupe dès les premiers moments pour le centrer sur la tâche à effectuer.

Si l'une des trois dérives se manifeste tout de même, il faut la dénoncer clairement en verbalisant ce qui se passe et en refusant catégoriquement de l'accepter.

Ouvrez l'œil et le bon! Essayez de lire dans les attitudes... à commencer par les vôtres! Vous pouvez choisir votre rôle selon votre préférence: celui qui plaisante, celui qui raconte sa journée à son voisin. Si vous préférez faire avancer le travail commun, il vaut mieux choisir une attitude plus positive!

Fiche 5

Les techniques d'animation
Un pour tous, tous pour un !

Pour que son cours fonctionne bien, le prof doit prévoir une multitude de tâches et de paramètres : gérer le temps, être attentif aux difficultés des élèves, etc. Pour vous aider à gérer les groupes de manière à pouvoir travailler efficacement, voici quelques techniques qui vous serviront également si vous devez animer une réunion de travail avec des collègues.

GÉRER LA PAROLE DU GROUPE

Les moyens

Quatre méthodes simples permettent à celui qui conduit des activités de groupe de faire avancer le travail :

- *la reformulation :* dire en d'autres termes ce qui vient d'être exprimé permet de faire prendre conscience des points d'accord ou de désaccord, de verbaliser les émotions. Véritable processus de vérification, la reformulation doit être faite avec neutralité quant au contenu et à la forme des échanges. En obligeant chacun à l'écoute, elle le rend plus sensible à la bonne formulation de ses propres idées et souvent plus tolérant ;
- *la synthèse :* résumer les données essentielles permet au groupe de se repérer dans le plan et de mesurer les avancées. Il est bon de formaliser cette étape en l'inscrivant au tableau : la plupart des personnes tirent satisfaction de visualiser les progrès, d'autres seront rassurées sur leur propre efficacité ;
- *les renvois en miroir :* une question posée masque souvent que celui qui la pose a une réponse qu'il n'ose pas proposer directement.

N'hésitez donc pas à renvoyer la question à qui la pose, ou à la renvoyer à quelqu'un dont on pense qu'il peut faire avancer la réflexion ou à l'ensemble du groupe pour qu'il y travaille. Ne pas répondre soi-même à la question permet de relancer l'activité ;
- *le reflet-élucidation :* il s'agit de renvoyer à un groupe une interprétation de ce qu'il vit. Cela peut débloquer une situation. La discussion, ou la formulation des non-dits permettent souvent la sortie des impasses.

La parole du leader : faut-il intervenir ?

Il vaut mieux ne pas intervenir si le groupe n'en a pas besoin. La non-intervention n'est pas absence, puisqu'il faut écouter et réguler la parole. Cette position d'écoute et de participation indirecte donne un poids particulier aux interventions et peut temporiser les conflits : c'est donc un véritable contrôle.

> **BON À SAVOIR**
>
> Une voix aiguë, un rythme rapide, un débit saccadé, des injonctions, un jeu de questions-réponses peuvent dynamiser un groupe amorphe, mais vont énerver un groupe dynamique. Certains profs énervent eux-mêmes leurs élèves en parlant trop, trop fort, trop vite, trop souvent, puis s'énervent quand les élèves s'agitent. Quel malentendu !

Si la directivité consiste à expliciter l'acte que l'on veut faire exécuter (« ouvrez vos livres »), la non-directivité laisse l'autre libre d'interpréter les propos (« nous allons lire ensemble le texte de Kant »). En demandant la participation à un acte sans imposer la réalisation, elle permet de diriger le groupe et de faire qu'il participe à cette direction tout en laissant libres les initiatives personnelles sans importance, ce qui est facteur de bien-être pour le groupe.

> **BON À SAVOIR**
> Pendant les interventions, n'oubliez pas de dire « nous » pour ne pas être perçu comme un intrus.

Réguler les prises de parole

Deux forces antagonistes sont à prendre en considération dans la gestion des groupes : l'expression personnelle de chaque individu d'une part (c'est-à-dire ce que sa contribution peut apporter au groupe en termes d'innovation) et la cohésion du groupe d'autre part (c'est-à-dire la canalisation des efforts dans un but commun qui évite la dispersion). La force de cohésion limite la capacité du groupe à innover, puisqu'elle uniformise les positions (▶ fiche 3), alors que trop d'apports individuels le désorganisent et favorisent les conflits et ruptures.

EN PRATIQUE

FAVORISER L'EXPRESSION INDIVIDUELLE

- Restez neutre face au problème ;
- évitez toute intervention autoritaire ;
- proposez des reformulations volontairement maladroites (qui vont déclencher la parole des plus actifs pour les corriger).

AUGMENTER LA COHÉSION DU GROUPE

- Donnez une définition claire du cadre de travail ;
- proposez des synthèses régulières qui insistent sur le respect du plan ;
- ayez une gestion égalitaire des tours de parole.

Vous pouvez donc, en fonction de vos besoins et des circonstances, agir de manière très concrète pour rééquilibrer les groupes que vous animez.

Les positions individuelles se durcissent avec le travail de groupe. Aussi, mettre en évidence une divergence conduit la plupart du temps à la renforcer.

La mise en place d'une structuration du travail (ordre du jour, procédures…) et l'usage du vote sans discussion amènent les groupes à tendre vers le compromis. Au contraire, plus la discussion est libre et importante entre des personnes différentes qui se connaissent assez peu, plus la polarisation augmente.

Ainsi, le leader du groupe dispose de procédures susceptibles d'amplifier ou de contrôler ce phénomène selon ses intentions :
- activer, stimuler, provoque la polarisation et à terme un conflit destructif ;
- ne pas activer favorise le compromis et l'effet Janis (▶ fiche 3). Il faudra faire preuve de finesse pour trouver l'équilibre entre consensus mou et conflit ouvert !

GÉRER LES PERFORMANCES MENTALES DES ÉLÈVES

Les performances du cerveau

Nous savons tous qu'il est difficile de passer rapidement d'une activité qui exige de la concentration à une activité qui requiert de la vitesse, par exemple. En effet, toute tâche fait appel à des capacités cérébrales spécifiques. Les performances cérébrales sollicitées chez des personnes qui écoutent, qui formulent ou qui conçoivent sont différentes, et les êtres humains ne peuvent pas passer instantanément de l'une à l'autre. La nature ne l'a pas prévu. Si on insiste, on engendre frustration, blocages, énervement…

Les hémisphères cérébraux

Hémisphère gauche Verbal	Hémisphère droit Non verbal
Logique, analyse, technique, raisonnement, symbole, nombre, abstraction, synecdoque	Création, arts, conceptualisation, synthèse, généralisation, géométrie, concrétisation, métaphore
Contrôle, organisation, conservation, administration, temporalité, rationalité, linéarité	Contact, émotions, musique, expression, spiritualité, atemporalité, spatialité, intuitions, rythme

La gestion mentale

Le système cortical gère la pensée, le système limbique les émotions. Il est évidemment judicieux d'émettre des stimuli destinés à orienter les performances cérébrales d'un groupe en fonction de la tâche attendue :
- si vous voulez que les élèves résolvent un problème de sciences physiques, vous attendez un fonctionnement cortical gauche, vous privilégierez donc les exposés de faits, les tableaux…
- si vous souhaitez qu'ils rédigent un texte sur un sujet personnel, vous sollicitez le fonctionnement limbique droit, et devrez faire appel à un langage imagé, faire varier le ton de votre voix, voire projeter des images au mur.

Dans tous les cas, organisez le processus de pensée pour que les personnes puissent plus facilement coopérer. Il faudra prévoir les étapes de votre cours en fonction des phases mentales requises, et agir au niveau de la structuration de la pensée. Par exemple, faire percevoir des formes, des blocs, les contours de quelque chose favorise la synthèse, déplacer le regard d'un point à un autre permet de présenter différemment une réalité, de confronter des idées…

Ressources spécifiques en fonction des performances cérébrales souhaitées

	Hémisphère gauche	**Hémisphère droit**
Système cortical	Exposé de faits, tableaux. Appel à des connaissances déjà mémorisées. Phrases courtes ou absence de phrases. Recours aux chiffres, aux raisonnements logiques. Paroles rapportées.	Évocations, dessins, mode visuel. Appel à la découverte, hypothèses nouvelles. Phrases longues, périodes. Procéder par rapprochements, extrapolations. Dialogues, style direct.
Système limbique	Respect d'un plan, d'un langage binaire. Ton de voix neutre, rythme constant. Utiliser des graphiques, laisser le plan visible.	Langage imagé, registre émotionnel intime, désordre. Prosodie importante, symboles, projection d'images. Relations interpersonnelles et ambiance capitales.

D'après Philippe Deval, *La gestion mentale des groupes en réunion*.

Ainsi, vous choisissez les moyens en fonction de l'activité à réaliser. Concernant la présentation des informations, il faut les rendre accessibles à tous en alternant les types de formulations.

> **BON À SAVOIR**
>
> N'oubliez pas que les individus ont tous une dominante cérébrale (limbique/corticale, gauche/droite, soit quatre combinaisons possibles). Et que les quatre types sont généralement présents dans chaque groupe. Alors, il serait bon de varier les méthodes de présentation pour atteindre tous les cerveaux. Oubliez un peu votre propre dominante, et variez les supports !

Les techniques ne sont que des techniques, pas des "trucs" infaillibles ; Il faut donc les assimiler pour mieux les oublier... Qu'elles restent invisibles, les membres du groupe doivent penser que votre seule clairvoyance les a aidés !... Et de fait, rien ne remplacera jamais la véritable analyse de ce qui se passe et la maîtrise de ses propres émotions pour agir avec doigté.

Fiche 6

L'importance de la pause
La tactique du tic-tac

Combien de fois, lorsque vous êtes en formation, stage ou réunion, avez-vous regardé l'heure, compté les minutes, espéré que le formateur ferait une pause ? Il n'en va pas différemment de vos élèves ou de vos collègues : la gestion du temps de travail est une des clés de son efficacité !

RYTHMES DE TRAVAIL

Concentration et besoins physiologiques de l'individu

Les biologistes qui étudient le fonctionnement du cerveau ont montré qu'il est cyclique : l'attention d'un individu oscille entre 2 à 7 minutes de capacité maximale et alterne avec 10 à 40 secondes de « creux ludiques ». Le « creux ludique » est un défaut de concentration, pendant lequel l'individu reste apte à écouter, comprendre et mémoriser, mais pas à réfléchir, créer ni formuler. Ce court moment se manifeste par une période de retrait, ou par la manifestation de besoins individuels. Ce n'est pas une véritable rupture du travail, puisque s'ensuit une nouvelle phase de concentration, pendant laquelle l'individu s'immobilise, semble se fermer au monde et à son propre corps.

Après 45 minutes de réunion en moyenne, l'individu ressent de la fatigue. Souvent, il éprouve le besoin de manger, de se dégourdir les jambes… S'il n'a pas la possibilité de le faire, il rencontre des difficultés à rester concentré : il subit le reste de la réunion sans en retirer aucun bénéfice. Il peut aussi devenir irritable voire perturbateur. Après une interruption de 5 minutes en moyenne, il se sent en revanche prêt à se remettre au travail avec une énergie qui semble s'être renouvelée, ou avec de nouvelles idées.

> **BON À SAVOIR**
>
> Le système éducatif français tient assez bien compte de ces rythmes individuels en proposant des heures de classe qui permettent environ 45 minutes de travail efficace. Mais, sur le terrain, les choses sont assez différentes et peuvent imposer deux heures de travail continu… Gardez à l'esprit ce que représentent deux heures de travail forcé, quasi immobile, deux à trois fois dans la journée, et faites des pauses régulières ! La qualité du travail ne s'en ressentira pas, au contraire…

Beaucoup de personnes ont besoin de se retrouver quelques minutes dans leur intimité. La capacité de travail dépend évidemment de l'état de santé, de la motivation, de l'habitude, etc. Nous ne sommes pas égaux devant le travail !

Provoquer des creux ludiques

Le groupe est composé d'individus qui ont des rythmes personnels différents, et qui risquent donc de se gêner mutuellement : en pleine concentration, être interrompu par quelqu'un qui demande à ouvrir la fenêtre ou à sortir est assez désagréable. Une solution consiste à synchroniser les creux ludiques des participants pour éviter qu'ils ne nuisent individuellement au travail en se manifestant spontanément. C'est-à-dire qu'il faut non seulement les permettre, mais les provoquer ! À peu près toutes les cinq minutes s'il s'agit d'un exposé magistral, ou toutes les dix minutes s'il s'agit d'un exercice auquel chacun travaille, il faut organiser la dérivation de l'attention de tout le groupe, pour le cadencer.

> **BON À SAVOIR**
>
> Écrire un texte sous la dictée, rédiger une synthèse ou recopier un tableau sont des moments de concentration intense pour les élèves. Après une dictée, d'ailleurs, ils ont tendance à s'agiter pour relâcher la pression psychologique, à écarter les doigts pour détendre les muscles que la concentration a contractés longtemps, à s'interpeller mutuellement. En conséquence, n'utilisez pas les moments de dictée comme « creux ludiques ».

On provoque un creux ludique en :
- *reformulant en termes simples*. Les notions importantes ont déjà été vues, la reformulation permet un petit temps de répit, associé à la satisfaction de voir les progrès et de pouvoir les mémoriser facilement ;
- *donnant un exemple*. Un aspect concret va intéresser, en même temps qu'il n'est pas perçu comme central, et permet donc un moment de semi-repos ;
- *apostrophant gentiment* un participant par une question très dirigée ou semi-ouverte. Elle n'impose pas sa réelle réflexion, mais permet de détourner l'attention de tous quelques secondes, pour ensuite mieux se concentrer ;
- *évoquant, en faisant appel à l'imagination*. Une comparaison, une image, une évocation ouverte invitent l'esprit à vagabonder quelques instants et lui procurent le plaisir de l'évasion momentanée ;
- *plaisantant*. Détendre un peu l'atmosphère, faire sourire par un jeu de mots astucieux, une association incongrue aide à relâcher la tension qui s'accumule avec la concentration, et laisse l'esprit plus disponible ensuite.

Il faut bien sûr choisir la méthode qui dérange le moins le travail en cours, et alterner les différentes techniques. Rien de plus lassant que le prof qui lance une blague idiote toutes les cinq minutes ! Par contre, une plaisanterie fine de temps en temps est très appréciée, car elle favorise la détente et la proximité.

Équilibrer les moments de discussion et les moments de réflexion

Certains parlent à voix haute en réfléchissant, d'autres ont peur du silence et parlent pour le remplir, d'autres en ont besoin pour pouvoir réfléchir… il faut permettre à chacun de trouver son équilibre dans le groupe. On peut faire des pauses silencieuses de quelques minutes dans la salle, pendant lesquelles on cherche un document, on note un détail ou on relit ce qui vient d'être écrit ; cela permet à certains de se reposer ou de réfléchir, et cela peut nourrir une nouvelle réflexion. D'ailleurs, après un travail intense, ces mini-pauses s'organisent d'elles-mêmes! Il suffit de les respecter. On note qu'en moyenne, elles se manifestent après vingt à vingt-cinq minutes de travail.

UNE PAUSE... ET ÇA REPART!

Timing de groupes

En dehors de toute intervention active de celui qui conduit la réunion, tous les groupes connaissent les étapes suivantes :

- *phase d'installation* : tout le monde entre dans la salle, choisit soigneusement sa place, sort ses affaires, s'installe, ou bavarde... Cette phase dure tant que le leader le permet. Il y a souvent intérêt à la raccourcir ;
- *phase d'observation*, de retrait : chacun s'observe, cherche son intérêt à participer ou organise son exclusion. Cette phase dure de 5 à 30 minutes. Les membres passent progressivement d'un état rationnel à un état émotionnel, qui les rend incapables de suivre un raisonnement long. C'est ici que le leadership est nécessaire et souvent décisif ;
- *phase de recherche d'alliés objectifs* (très courte) : analyse des autres à la recherche d'affinités. C'est la phase d'alliances tacites et non dites ;
- *phase de lancement* : chaque participant déclare son intention de participer par la parole ou par une attitude d'écoute attentive. Les alliances tacites se déclarent. Cette phase émotionnelle se traduit par un agacement, un besoin de s'opposer, par l'expression collective de sentiments. La créativité est favorisée, mais non la capacité à prendre une décision. Les individus sont très réceptifs aux informations concernant les valeurs. C'est l'étape de polarisation ;
- *phase de dépression* (1 à 10 minutes) : résultat d'une décompression après une intensité émotionnelle forte. C'est le moment des bavardages et des conflits ;
- alternance de phases actives puis de phases de dépression (et ainsi de suite).

L'animateur ne peut combattre ces phases, elles s'imposent et imposent leur rythme. Chaque phase de dépression est le moment de récapituler, de synthétiser ou bien de discuter cinq minutes des orientations futures. C'est aussi le moment propice pour la pause.

L'utilité de la pause

La charge émotionnelle qui s'accumule pendant les phases de travail a besoin de trouver un exutoire. Il faut faire cinq à dix minutes de pause tous les trois quarts d'heure à peu près. Le meilleur moment est celui où le groupe vient d'atteindre un objectif et d'en formuler la synthèse. La mémorisation du résultat sera meilleure après un moment de détente agréable. On peut aussi faire une pause avant que n'éclate un conflit.

Si on observe des enfants ou des ados qui ont beaucoup travaillé, on constate qu'ils sortent en courant, en criant, en chahutant dans le couloir. Ils se déchargent de la tension accumulée. Les adultes ne savent plus le faire, et beaucoup arrivent déjà très tendus en réunion. Une cigarette, une déambulation dans les couloirs peuvent rendre la sérénité à ceux qui l'ont perdue.

Il est nécessaire de laisser aux individus qui viennent de travailler un moment de liberté qui leur permette de se retrouver dans leur intimité. Cette pause, que chacun met à profit à sa guise et pendant laquelle il est possible de s'isoler, permet à tous les membres du groupe de retrouver un moment d'autonomie et de revenir avec plaisir au sein du groupe.

> *J'ai tous les matins deux heures de cours d'affilée avec la même classe, et je fais au bout de 45 minutes une pause plus ou moins longue en fonction des besoins des élèves. Je sors dans le couloir avec eux et je reste disponible. Si un élève a une question à poser, c'est à ce moment-là qu'il le fait. Les timides qui n'ont pas osé prendre la parole devant le groupe le font pendant les pauses... le couloir devient le lieu du cours réexpliqué. Parfois, les questions sont si nombreuses que le temps me manque pour répondre à toutes. Alors, je me rends à l'évidence : il faut reprendre en classe toute une partie que je pensais, à tort, acquise ! La pause est donc pour moi le moment privilégié où je mesure l'efficacité*

de mon travail et la clarté de mes explications. Le comble est que, quand j'ai besoin de faire une pause à mon tour, je suis obligé de partir un peu plus loin... »

Lionel, professeur de maths en classe préparatoire.

La pause organisée

C'est la plus efficace, car l'animateur en profite pour intervenir auprès des participants dans un style décontracté. La machine à café, le couloir, la cour permettent d'être debout, de bouger librement. C'est à ce moment-là qu'on peut désamorcer des conflits, établir une communication de qualité avec les autres, trouver des solutions inattendues.

Une autre pause très efficace consiste à faire apporter dans un coin de la pièce ou dans un petit local contigu un plateau de gâteaux et une boisson, ou un verre de vin et un morceau de fromage – selon l'âge des participants. Effet dégel assuré ! La convivialité n'est pas à négliger, même avec ses collègues de travail !

La pause est donc bien partie intégrante d'une stratégie pédagogique, contrairement à ce qu'on pourrait croire en voyant les enfants crier et courir en tous sens, ou les adolescents affalés contre les murs dans les couloirs, les baladeurs mp3 incrustés dans les oreilles... Essayer la pause, c'est l'adopter !

Fiche 7

Les émotions de groupe
La classe... un univers impitoyable !

Les relations de personne à personne sont des relations affectives. Toute la palette des émotions et des sentiments s'y retrouve : répulsion, désir, jalousie, méchanceté, mépris, amitié, estime... C'est parfois assez compliqué entre deux personnes, cela devient franchement complexe en groupe, d'autant que ces rapports se tissent en public, ce qui ravive d'autres composantes, comme l'amour-propre ou l'exhibition. Petit inventaire des émotions à savoir gérer...

LES SENTIMENTS EN JEU DANS LES RELATIONS INTERPERSONNELLES

On ne peut bien évidemment pas entrer dans le détail des liens complexes qui unissent les individus. En revanche, les motifs puissants doivent être identifiés par le leader pour parvenir à gérer efficacement le groupe.

Décoder le langage corporel : la PNL

La Programmation Neuro-Linguistique (PNL) s'appuie sur la découverte médicale que les processus profonds de la pensée s'accompagnent d'un langage et d'une gestuelle spécifiques. Notre conduite est ainsi modelée par notre culture, notre milieu social. Que nos gestes soient descriptifs, émotifs ou symboliques, ils sont révélateurs de nos émotions. Avec un peu d'habitude (et d'intérêt) vous pourrez décrypter les émotions et intentions, qui sont souvent visibles dans les yeux et les gestes.

Décrypter les sentiments derrière les interventions

Le plus simple reste encore d'écouter ce qui est dit…
- Interventions positives :
  - par rapport au groupe : faire preuve de solidarité, aider, valoriser, respecter les autres, plaisanter, rire, se déclarer satisfait, accepter le point de vue, comprendre, être d'accord,
  - par rapport au travail : suggérer avec tact, donner des idées, évaluer, exprimer un vœu, informer, clarifier, formuler, répéter, confirmer.
- Interventions négatives :
  - par rapport au groupe : montrer du désaccord, mettre en doute, ne pas comprendre, se placer en dehors du groupe, rabaisser le statut des autres, être agressif, s'affirmer contre,
  - par rapport au travail : demander confirmation, faire répéter, attendre que les autres donnent des solutions pour les analyser, demander des idées ou des suggestions, des directives.

Bien entendu, les émotions négatives qui risquent de s'avérer problématiques doivent attirer votre attention.

BON À SAVOIR

Deux forces permettent la cohésion à l'intérieur du groupe : ce sont le désir et l'identification. Le désir conduit à rechercher une personne complémentaire, qu'on souhaite « posséder » – qu'il y ait attirance sexuelle ou affinités spirituelles ; l'identification joue sur la reconnaissance de points communs ou sur la notion de modèle. Ce sont deux leviers puissants dans tous les groupes.
S'il y a beaucoup d'affinités entre les membres, le risque de déconcentration et de bavardages augmente, s'il y a trop d'affectivité, le groupe dévie de son but et de son objet.

LES MODES ÉMOTIONNELS PROPRES AU CONFLIT

La fatigue et les blocages

Si vous exprimez en continu une série d'informations, les participants vont progressivement intérioriser une tension émotionnelle qui s'exprimera plus ou moins violemment à l'occasion d'un incident, ou bien ils vont « décrocher ». Dans les deux cas, la qualité des échanges s'en ressent. De même, si le travail est trop soutenu ou mal adapté, il y a fatigue puis énervement.

> **BON À SAVOIR**
>
> Un silence lourd, tendu, crée un malaise. Le prof a souvent le réflexe de relancer par n'importe quel moyen. Or, il répond seulement à sa propre anxiété. Une meilleure attitude est de chercher à comprendre la raison de ce malaise. Cela peut être par une petite plaisanterie qui invite à analyser le problème, tout en déridant l'atmosphère pour mettre les gens plus à l'aise. L'enquête ou le rire sont les meilleures manières de répondre au silence.

En cas de blocage, le groupe dévie systématiquement du sujet, ou en rejette un aspect. Si on insiste, on peut rencontrer l'agressivité. Les blocages proviennent :
- de la remémoration d'un événement douloureux du passé ou d'une insécurité qui déclenchent des sentiments de tristesse, d'autodévaluation, de colère, de peur… Les individus basculent dans un état affectif pur ;
- d'un interdit imposé par le rôle assumé ou par une autorité absolue. Celui qui s'est donné le rôle de « caïd » de la classe ne coopérera pas facilement avec vous ;
- de l'inhibition d'une performance cérébrale (parce que l'exercice est trop différent du précédent, ▶ fiche 5) ou du stress : un excès de neurotransmetteurs inhibe les neurones. C'est pourquoi après une émotion forte, il faut du temps pour revenir à soi.

L'insécurité ou la frustration : deux modes défensifs

Des individus peuvent se sentir exclus de la discussion du fait d'une explication trop complexe ou d'un manque de connaissances. Ils auront alors tendance à éviter le ridicule et la honte en faisant comme si le sujet ne les concernait pas. C'est le cas du « mauvais élève » qui choisit délibérément son exclusion, se met au fond, perturbe et provoque. Les groupes sociaux défavorisés ou les minorités linguistiques méprisées font souvent montre d'une violence réactionnelle, s'ils ne rencontrent pas en opposition une autorité ferme et efficace.

> **BON À SAVOIR**
>
> L'apostrophe directe d'un participant peut gêner celui qui se sent exposé brutalement. Si cette technique est efficace pour faire taire quelqu'un qui bavarde avec son voisin en lui demandant de parler pour tous, on conçoit qu'elle ne marche pas pour mettre quelqu'un à l'aise !
> Le tour de table ou la présentation systématique des participants est une technique très utilisée. Pourtant, elle ne permet que rarement la libre expression des individus qui se contentent de balbutier quelques phrases pour en avoir plus vite fini. En fait, elle augmente la tension des gens, peut engendrer un silence lourd, source de malaise, ou servir de tribune à l'agressivité d'une personne. À éviter.

Le stress et la peur s'opposent à la bonne compréhension des messages, provoquent des réponses défensives inadaptées, et empêchent absolument la réflexion et la mémorisation. Inutile de se mettre à hurler parce que quelqu'un ne comprend pas, ça ne va pas l'aider. S'il se sent humilié, il peut devenir violent, n'ayant plus rien à perdre aux yeux du reste du groupe. Il peut lui être intolérable de se voir maltraiter publiquement.

Pour que quelqu'un abandonne son rôle défensif, il faut qu'il puisse s'investir dans la réunion, et qu'il trouve avantage à participer. Le prof doit anticiper toutes les questions implicites, y répondre clairement par avance et créer un climat suffisamment convivial pour que tous puissent s'exprimer.

Ces questions implicites concernent :
- le contenu : quel est le but de la réunion ? Sa durée ? Ses règles de fonctionnement ? Ses étapes ?

- le groupe : qui sont les autres ? Pourquoi sont-ils là ? En quoi consiste l'activité commune ?
- sa place : quel est son rôle ? Qu'attend-on de lui ? Que peut-il attendre des autres ?

LES ÉMOTIONS PARASITES

Quelques comportements sont le reflet d'émotions indésirables et devront vous alerter :

- la *projection* : un participant attribue à autrui des sentiments qui sont les siens propres ;
- la *rationalisation* : il recherche des justifications logiques à un processus affectif, refusant sa propre implication dans le système ;
- la *dénégation* et la *fuite* : il refuse de voir la réalité en face, nie l'existence de phénomènes qui se produisent réellement ;
- le *narcissisme* : quelqu'un s'écoute parler, parle pour se faire valoir aux yeux des autres. Le narcissisme peut être contagieux et affecte l'authenticité des échanges ;
- la *régression* : le groupe retourne à un comportement adolescent, refuse de travailler, plaisante, chahute, refuse de considérer la situation ;
- l'*inhibition* : les gens « se mettent la pression » par volonté de réussir à tout prix et cela les paralyse. On peut corriger leur vision angoissante de la tâche en affirmant que l'objectif porte plus sur les méthodes que sur le résultat, ou qu'il compte finalement peu.

Aucune décision, aucune écoute, aucune concentration ne peuvent être obtenues d'un groupe émotionnel. Pour pouvoir travailler, il faut impérativement éliminer tensions et émotions.

> **EN PRATIQUE**
>
> ### AIDER UN GROUPE À SE DÉBARRASSER DES AFFECTS PARASITES
>
> – Diviser le groupe en sous-groupes de travail. Chaque groupe se voit confier une tâche précise, et désigner un rapporteur. La mise en commun doit permettre de faire rapidement le tour des problèmes.
> – Reformuler les avancées auxquelles le groupe est parvenu : il est toujours satisfaisant d'entendre à quoi on est parvenu, cela donne un peu de temps pour se reposer, une nouvelle énergie pour continuer les efforts.
> – Présenter des exemples concrets pour illustrer un point, avoir recours au tableau, au vidéoprojecteur, au rétroprojecteur pour rendre les choses plus concrètes.
> – Faire des allusions à la méthode de travail, ou demander au groupe d'analyser les performances du groupe. Ce retour sur ses propres pratiques permet parfois de « décoincer » le groupe en lui permettant de verbaliser une gêne persistante.
> – Plaisanter ou faire une pause.

Le seul intérêt de l'émotion dans un groupe est qu'elle déclenche l'expression. Elle gêne l'écoute et la prise de décision, mais favorise la prise de parole. On peut donc moduler l'émotion en fonction du but poursuivi. Mais dans tous les cas, il faut l'éliminer en fin de réunion, pour l'équilibre personnel de l'individu.

Nous savons tous que la mauvaise ambiance d'un groupe nuit à l'efficacité du travail. C'est pourquoi il faut être très attentif aux émotions que l'on perçoit et essayer d'agir sur elles, car, ne l'oublions pas, nous serons forcés par l'institution à retrouver ce groupe désagréable pendant toute l'année scolaire (au moins) !

Fiche 8

Gérer et résoudre les conflits
Le chef a toujours raison !

Le conflit est inévitable dans la mesure où le groupe offre une tribune aux émotions. On peut assez simplement classer les conflits en grandes catégories : les conflits liés aux personnes, ceux liés aux contenus des discussions et ceux liés aux méthodes de travail. Comprendre ce qui se passe permet de mieux réagir...

LES CONFLITS ENTRE PERSONNES

L'affaire de tous ?

Les conflits interpersonnels sont monnaie courante et fréquemment imprévisibles – voire irrationnels. La manière dont le groupe communique peut-être à la fois le symptôme et la cause du problème. Il est évident qu'un regard franc et direct, un sourire sincère, la politesse des demandes et une certaine dose de compréhension sont les clés d'un climat agréable. Accepter d'entrer temporairement dans l'univers mental d'une autre personne est la seule manière de dialoguer, ce qui est bien différent de discuter, enquêter, juger, culpabiliser ou manipuler...

Les conflits entre membres, s'ils ne s'appuient pas sur un problème réel, ne cachent souvent que l'inquiétude commune : c'est une solution immobiliste qui protège du danger d'une progression. En effet, tant que le groupe ne prend pas de décision, il est à l'abri de l'erreur !

Il peut arriver qu'un individu se sente de plus en plus mal dans un groupe à mesure que le travail avance. C'est le cas en particulier lorsque ce groupe ne correspond pas dans ses valeurs et ses actions à son groupe de référence. Il est difficile d'arranger cette situation qui se solde souvent par la démission réelle ou virtuelle de l'individu.

> **EN PRATIQUE**
>
> ### QUE FAIRE SI UNE PERSONNE SEMBLE ISOLÉE ?
>
> D'abord, il faut voir si cette personne est rejetée ou si elle s'est exclue d'elle-même. Interrogez-la pour connaître son ressenti ou faites un test de Moreno (▶ fiche 17). Dans les deux cas, il faut agir : elle peut facilement devenir un bouc émissaire, objet de railleries ou de cruauté.
>
> | L'individu refuse le groupe | Le groupe rejette l'individu |
> |---|---|
> | L'ignorer et continuer le travail en espérant qu'il revienne sur sa décision (cette option ne satisfait personne). | Augmenter la cohésion par des activités communes (sorties, projet) en veillant à ce que cette personne ait un rôle qui oblige les autres à coopérer avec elle. |
> | Favoriser ses contacts avec une ou deux autres personnes en donnant des recherches ou des exposés à préparer : en se sentant plus proche d'une ou deux personnes, le réfractaire peut décider de travailler avec le groupe par la suite. Plus ces contacts auront été nombreux, riches et authentiques, plus les chances de succès sont grandes. | Favoriser les contacts doit se faire sous la surveillance du leader. Le travail en groupe sera mené en classe, de préférence en binôme. |
> | Exiger de lui qu'il participe aux travaux du groupe. | Se montrer très ferme sur le respect dû aux personnes. |

Le rôle du leader dans la gestion du conflit interpersonnel

Le respect, la confiance, la fermeté, l'instauration d'habitudes, la courtoisie, la bonne humeur, la tempérance, la constance… les qualités de l'animateur sont essentielles. Ne jamais tolérer un comportement irrespectueux, mais être tolérant envers les manquements mineurs. Râler gentiment, faire une grimace de mécontentement, se contenter d'un regard lourd de sens, mais ne jamais faire une remarque personnelle. Savoir plaisanter, rire et faire rire, mais ne jamais se moquer sont les règles d'un leader qui sait créer un climat affectif favorable à une coopération sans heurts.

Il peut arriver qu'une hostilité réelle sépare quand même deux personnes, créant une mauvaise ambiance, voire interdisant toute communication.

Une solution consiste, si c'est possible, à diviser le groupe en sous-groupes pour séparer les antagonismes et profiter des contributions (séparées) des deux personnes. Dans tous les cas, il est déconseillé de faire expliciter ou rationaliser les causes de l'opposition, ce qui ne ferait que la radicaliser. Enfin, un style de leadership très directif, avec une marge de manœuvre très limitée et des procédures très rigides permet de faire fonctionner tout de même de tels groupes en ne laissant pas la place à l'expression du conflit. Cela peut même créer une émulation positive entre les rivaux : pour briller aux yeux du chef et prouver qu'ils ont raison, certains se surpassent !

LE CHEF CONTESTÉ

L'agressivité envers le chef, surtout si elle se manifeste en début de séance, recouvre une envie de diriger les débats, soit qu'on s'estime plus compétent, soit qu'on estime le chef pas assez directif.

CAS PRATIQUE

Un informaticien d'une société privée se rend dans un collège pour former des profs volontaires au maniement d'une salle multimédia qui venait d'être installée : le groupe est formé de profs de langues, d'autres qui aiment l'informatique, et d'un collègue de technologie (l'informatique est au programme de technologie). Dès le début de la formation, ce prof pose des questions techniques ambiguës, cherche les défauts du logiciel, et tente de mettre les rieurs de son côté contre le formateur. Au bout de deux heures, la colère du formateur explose : il expose ses difficultés à travailler dans ce climat d'opposition, puis décrète une pause pendant laquelle les autres membres du groupe l'assurent de leur soutien car le prof en question avait vraiment été détestable. Le formateur et le prof s'expliquent violemment en privé et le stage reprend. Le prof de techno boude avec ostentation, puis il recommence à participer avec une fausse douceur. Ses collègues lui demandent de changer d'attitude. Il se met à hurler, et la séance s'achève : la pause déjeuner arrive, et il ne revient pas l'après-midi. Le stage reprend avec un groupe assez mal à l'aise, un formateur encore tendu et assez peu disponible malgré ses efforts. Au final, les participants ne profitent pas vraiment de ses explications.

.../...

.../...

Analyse : le prof de techno ressent de la frustration vis-à-vis de quelqu'un qui vient traiter un sujet dont il s'estime spécialiste, il adopte donc l'attitude du persécuteur. Le formateur laisse monter la tension et choisit pour l'évacuer un mode émotionnel (la colère), provoquant l'exclusion du membre concerné (ce qui est toujours perçu comme un acte grave et nuit à l'ensemble du groupe).

Proposition : dès le départ, en reformulant, le formateur pouvait mettre clairement en lumière l'aspect inconvenant des interventions du prof de techno, ce qui aurait permis de le dénoncer sans agressivité : « Vous êtes visiblement très fort en informatique, mais ce n'est peut-être pas le cas de tout le monde ici. Je respecte une progressivité nécessaire à des objectifs de formation. Je peux évidemment répondre à votre question sur le plan technique, mais ce n'est pas le sujet du stage. » Pour enfoncer le clou, il pouvait demander aux autres leur niveau en informatique et leurs attentes, par un tour de table libre, pour introduire dans le duel un tiers pondérateur. Ça aurait peut-être suffi. Sinon, lui demander ironiquement comment il réagit quand un élève l'interrompt sans cesse dans ses explications ou encore d'argumenter ses prises de position et écouter attentivement. La pause aurait dû être organisée plus tôt pour faire baisser la tension et pour pouvoir discuter avec cet antagoniste, valoriser ses connaissances, son rôle dans le groupe et arriver à un compromis : le prof pourrait aider ceux qui ont des difficultés avec la machine en général, et le formateur se réserver la conduite des activités et la présentation du logiciel, qu'en réalité, le prof ne connaît absolument pas.

LES CONFLITS LIÉS AUX CONTENUS ET AUX MÉTHODES

Les conflits de ce type sont un peu plus faciles à gérer. Il faut déterminer si le conflit peut paralyser le groupe ou l'aider à travailler, puis essayer d'utiliser les sentiments négatifs en les rattachant à la tâche. Un conflit qui surgit à l'étape de proposition, et porte sur des opinions divergentes ou sur la conviction que le problème est mal posé tend à élever la qualité de la décision. Il peut être résolu par un simple rappel des procédures.

Un conflit peut-il être un moteur?

Le conflit peut même être productif lorsqu'il intervient dans un climat de coopération, c'est-à-dire que les membres placent l'intérêt du groupe avant leur intérêt propre. Il est en revanche destructif lorsqu'il arrive dans un climat compétitif, c'est-à-dire alors que chacun se bat pour son propre intérêt. Il faut donc veiller à ce que l'émulation reste modérée.

Les conflits qui naissent à propos du travail en cours sont souvent productifs, car ils permettent de mettre en évidence des phénomènes plus profonds, des conceptions ou des représentations que l'on peut évoquer et discuter ensemble. En cela, le conflit ne doit pas être évité, il est fondateur du groupe. Trop de gens en ont une peur irraisonnée, souvent par manque de maturité, et vont, à tort, tout tenter pour l'éviter. Ne restera que la frustration aux protagonistes.

On peut en effet résoudre un conflit d'opinions en faisant percevoir les complémentarités, les contradictions, les changements de position de manière à rétablir une communication progressive, mais jamais en le niant.

> **BON À SAVOIR**
>
> Le conflit en matière d'apprentissage n'est pas toujours aussi négatif qu'on pourrait le penser. En effet, lorsque les membres d'une équipe ne voient pas les choses de la même façon, il y a nécessairement approfondissement de la question : pour pouvoir dépasser la situation de blocage, il faut intérioriser le point de vue adverse en une dialectique toujours profitable. N'ayons pas peur des confrontations et des discussions…

Favoriser la reprise du dialogue

On ne peut parler de dialogue que si un aspect nouveau est introduit qui, en même temps, ne brise pas la continuité de l'échange. Une intervention prématurée est ignorée, rejetée ou brise l'effort du groupe.

Dialoguer demande une réelle sincérité : il n'est pas question d'éluder les questions gênantes si l'on veut éviter les conflits à moyen terme. Dans le dialogue, il faut favoriser les réponses confirmantes, c'est-à-dire celles qui reconnaissent ce sur quoi porte l'intervention. La rupture du dialogue prend souvent la forme de la disconfirmation : on répond « à côté », volontairement ou non. Le dialogue serait favorisé, la confirmation se ferait lorsqu'une réponse authentiquement personnelle est faite.

Pour dépasser un blocage, on peut faire s'exprimer chacun à tour de rôle. Inutile de procéder dans l'ordre, ce qui pourrait induire une tension, voire un stress contre-productif. Laisser simplement les gens parler comme ils le désirent, en veillant à ce que tout le monde se soit exprimé. Quand le dialogue est rompu, il ne faut surtout pas tenter de raisonner, mais dans le cas d'une irruption soudaine d'affectivité, faire argumenter est souvent une bonne manière de ramener le calme.

N'ayez pas peur des conflits ! Ils prouvent que les interlocuteurs prennent le sujet à cœur, et rien n'est pire que l'indifférence. Si les adolescents se passionnent, tant mieux ! Quant à vous, restez calme, maître de vous, sincère mais ferme.

Partie 2

Trouver sa place dans l'établissement

Fiche 9

S'intégrer dans une équipe
Bienvenue chez nous!

Affectations et mutations nous conduisent, à divers moments de notre parcours professionnel, à intégrer de nouvelles équipes de travail. Certaines adaptations sont plus faciles que d'autres… Voyons comment mettre toutes les chances de son côté pour se fondre rapidement dans le groupe.

S'INTÉGRER DANS UN NOUVEL ÉTABLISSEMENT

Identifier les personnes

En arrivant dans un établissement, il est bon de faire rapidement connaissance avec tout le monde. Mais quelques priorités semblent judicieuses : les personnels de direction et d'encadrement, les services de l'intendance, le chef des travaux, les secrétaires de direction, le chef des agents… On vous a certainement remis la liste des personnels lors de la réunion de prérentrée, identifiez chacun d'eux et allez vous présenter spontanément à eux. Non seulement cela vous permettra d'entrer en contact, mais cela leur permettra d'associer votre visage à votre nom.

Vous devriez aussi rencontrer les CPE et surveillants : vous vous rendrez compte du mode de fonctionnement de la vie scolaire.

Votre effort se portera ensuite sur les équipes pédagogiques des classes qui vous sont confiées : rapprochez-vous du prof principal, au besoin en mettant un petit mot dans son casier. Vous pouvez lui laisser vos premières impressions sur la classe et vos coordonnées, il pourra ainsi vous joindre même s'il ne voit pas encore qui vous êtes. Mémorisez ensuite le nom des autres collègues, vous les identifierez mieux quand vous les rencontrerez. Plus vous vous donnerez de mal au début, plus rapide sera votre intégration !

S'investir dans la collectivité

Au risque d'enfoncer une porte ouverte, rappelons que quelques mots échangés à la machine à café, à la pause dans la salle des profs – et surtout à la cantine ! – créent vite des repères, des affinités et même... des amitiés !

Vous pouvez vous porter candidat sur une liste de délégués au Conseil d'administration, ce qui est le meilleur moyen de savoir comment l'établissement fonctionne. Dans certains établissements, il y a une amicale des personnels, ou un foyer socio-éducatif qui organisent des activités ; ils ont souvent besoin de bénévoles. Pourquoi ne pas les rejoindre et les aider ? Votre participation sera utile et certainement très appréciée. De même, certains profs animent des ateliers au sein desquels vous pouvez vous rendre utile !

> *J'ai été appelé comme vacataire dans l'établissement après les vacances de Noël. C'est un moment difficile pour s'intégrer dans une équipe, car la plupart des personnes ont déjà fait connaissance depuis la rentrée. C'est presque par hasard, au self, que j'ai rencontré François, un prof de maths-sciences qui animait un club informatique. Comme j'ai de solides notions en informatique et que je m'ennuyais ferme, je lui ai proposé mon aide. Ça a été une super expérience pour moi (et pour lui aussi j'espère). Nous sommes devenus très amis, et comme nous avons le même humour, les élèves étaient contents de travailler dans une ambiance détendue. »*
>
> Régis, PLP2 tertiaire (secrétariat) en lycée professionnel.

S'INTÉGRER DANS L'ÉQUIPE DISCIPLINAIRE

C'est parfois plus délicat. Les rivalités, les jalousies entre individus, l'existence de privilèges dans la répartition des services, l'inertie des habitudes sont monnaie courante et peuvent compliquer les relations entre collègues. Parfois, une simple différence de génération engendre incompréhension mutuelle et hostilité. Comment y remédier, ou simplement éviter les conflits ?

Premier impératif : apprendre à observer et éviter de déplaire. En attendant de savoir à qui vous avez affaire, soyez prudent et observez. Posez des questions pour savoir comment fonctionne l'équipe, cherchez à comprendre comment vos collègues ont travaillé avant votre arrivée. D'une part, c'est très enrichissant pour vous, d'autre part, en cherchant à vous adapter, vous montrerez votre bonne volonté.

Certaines équipes travaillent en concertation : les profs échangent des idées, voire leurs séquences ou leurs copies... N'hésitez pas à proposer votre aide pour vous intégrer au réseau. Mais les collègues qui travaillent en équipe sont assez rares. Aussi, si vous venez d'un établissement difficile où les profs sont soudés face à l'adversité d'un public remuant, et que vous avez obtenu votre mutation dans un petit établissement rural bien tranquille, vous risquez fort de vous sentir désemparé : dans de telles structures, les enseignants ont tendance à être plus individualistes, plus méfiants et souvent réfractaires au changement. Soyez patient ! Il vous faudra vraisemblablement plusieurs années pour convaincre votre nouvelle équipe des bienfaits de l'innovation. Les habitudes d'échange et de partage sont nouvelles dans ce métier. Il y a encore une dizaine d'années, les mots « interdisciplinarité » et « décloisonnement » étaient incompréhensibles !

BON À SAVOIR

Vous faites consciencieusement votre travail ? Vous n'êtes pas obligé de vous plier aux obligations et habitudes de vos collègues, dans la mesure où vous pouvez défendre pertinemment votre point de vue et où vos arguments sont cohérents et fondés. N'hésitez pas, en cas de désaccord majeur (par exemple si un collègue organise dans votre dos une sortie avec vos élèves alors que vous aviez prévu une autre activité pédagogique à ce moment-là), à prendre rendez-vous avec le chef d'établissement pour lui exposer vos difficultés. Vous connaîtrez ainsi sa position sur la question, et en cas d'impasse totale dans les relations, il aura un rôle d'arbitrage extrêmement efficace. Mais réfléchissez bien avant d'en arriver là : il peut fort bien vous donner tort !

ACCUEILLIR UN COLLÈGUE

Les attitudes à proscrire

Après quelques années dans un établissement, c'est votre tour d'accueillir un nouveau collègue... Quelle attitude adopter ? À chaque personne sa réponse. Voici quelques attitudes à éviter...

- *Projeter vos désirs sur votre nouveau collègue* : vous avez envie de voir votre équipe se régénérer, vous rêvez de quelqu'un avec qui partager des idées, ou vous espérez un allié... quels que soient vos désirs, ils ont vocation à être déçus ! Pourquoi la personne qui arrive aurait-elle la solution aux problèmes que vous n'avez pas réussi à régler ? N'oubliez pas qu'elle devra faire un effort pour s'intégrer et qu'elle aura donc ses propres difficultés... En conclusion, débarrassez-vous de vos illusions et préparez-vous à accueillir un inconnu.
- *Être un poids à force de vouloir aider.* Il y une grande différence entre apporter des informations voire du soutien à quelqu'un et devenir un boulet. Si, au bout d'une semaine, vous avez déjà proposé à votre collègue de vous accompagner en sortie scolaire, d'aligner sa progression annuelle avec la vôtre, de prévoir un devoir commun en fin de mois et si vous lui avez déjà envoyé plusieurs mails d'invitation chez vous, il est probable que vous êtes en train de lui gâcher sa rentrée... Un peu de discrétion ne nuit pas.
- *Dire du mal de vos collègues.* Il est assez maladroit de se précipiter sur un nouveau venu pour lui faire la liste des défauts des autres... dans l'espoir de le dégoûter de les fréquenter. C'est aussi très naïf : dans ces cas-là, on fait surtout son propre portrait... De plus, même si vos calomnies fonctionnent dans un premier temps, il y a fort à parier qu'elles perdront en efficacité rapidement et que vous vous sentirez bien seul quand vous constaterez qu'il ne fait aucun cas de toutes vos mises en garde !
- *Se dire qu'il ou elle ne restera pas,* car il est vacataire, TZR, stagiaire ou de passage avant une mutation vers le sud, et ne pas faire d'efforts : cette attitude semble absurde, elle est pourtant répandue. Cela revient à dire que certaines personnes ne s'investissent dans une relation que si elle doit durer. C'est dommage de se priver des joies de la rencontre pour un motif si futile !

- *Être glacial pour ne pas paraître empressé.* Ne pas dire bonjour sous prétexte de ne pas se connaître semble bien puéril : on peut au moins supposer que, si vous vous croisez dans un couloir, vous êtes collègues de travail… Quelques sujets de conversation sont donc possibles : les élèves, les emplois du temps, etc.

Travailler avec un stagiaire

Accueillir un stagiaire est un cas un peu particulier : il s'agit d'un collègue débutant (sauf exception), et donc souvent très jeune – presque autant que les élèves parfois. Il s'agit aussi surtout d'un collègue en formation et peut-être anxieux de bien réussir. Dans ce cas, au début en tout cas, il convient d'être rassurant, présent, mais avec tact. Beaucoup de très jeunes profs sont susceptibles, et veulent absolument être perçus par les élèves comme des profs à part entière (ce qu'ils sont). Ils ont raison. Il faut les laisser s'imposer à leur manière, et concevoir votre rôle davantage comme celui d'une « personne-ressource » que comme un maître à penser. Ne vous installez au fond de sa salle de classe que lorsqu'il se sent prêt, mais permettez-lui dès que possible d'assister à vos cours. Il y trouvera matière à réflexion.

Contrairement à quelqu'un de chevronné, un stagiaire a souvent besoin d'encadrement, de conseils, de soutien – voire d'une aide ponctuelle à la conception d'un cours ou d'un devoir. Si votre approche est respectueuse, il ne vous ressentira sûrement pas comme un « boulet », mais plutôt comme une précieuse « bouée » !

> L'intégration est une étape primordiale de notre épanouissement dans notre milieu professionnel. Manquer notre entrée peut nous faire perdre beaucoup de temps et de confort. C'est pourquoi il faut la soigner particulièrement…

Fiche 10

Faire un remplacement
Ne tirez pas sur l'ambulance !

Les TZR ou vacataires peuvent être amenés à effectuer différents types de remplacements : à l'année, qui ne diffèrent pas beaucoup d'une nouvelle affectation, ou de courte et moyenne durée, souvent plus difficiles. Nous allons nous mettre dans la pire configuration : le remplacement de remplaçant, deux semaines avant les vacances de février… Accrochez-vous !

RÉGLER LES DÉTAILS MATÉRIELS

En général, vous apprenez votre nouvelle mission la veille, pour ne pas dire le matin même… Il est très difficile de faire respecter le délai de préparation de 48 heures auquel le statut des TZR donne droit. Il faut donc être efficace !

Faire connaissance

Présentez-vous au chef d'établissement. Vous en profiterez pour repérer et minuter le trajet. Visitez l'établissement, la salle des profs, l'infirmerie et la vie scolaire. Voyez où vous pouvez garer votre véhicule. Faites le tour de votre nouveau territoire et procurez-vous la liste des personnes importantes.

Certains chefs d'établissement vous présenteront tout de suite à vos classes. Profitez-en pour demander aux élèves si l'un d'entre eux peut vous prêter son cahier de cours.

Poser les bonnes questions

Un certain nombre de détails doivent être réglés lors de cette visite liminaire. Adressez-vous aux bons endroits pour régler tous les menus problèmes auxquels vous allez être confronté :
- le secrétariat du proviseur : signez l'arrêté d'affectation qui vous couvre en cas d'accident et assure votre paie ;
- la vie scolaire, point névralgique de tout établissement : les CPE vous expliqueront son fonctionnement. Ils vous donneront aussi les heures exactes de cours et vous préciseront comment les élèves se rendent dans la classe. Parfois, il faut aller les chercher dans la cour de récréation ;
- l'intendance : procurez-vous les clés, essayez-les et profitez-en pour regarder de quel type de tableau les salles sont équipées pour demander craies ou feutres. Demandez également votre code pour les photocopies ainsi que les modalités pour manger à la cantine.

N'ayez pas peur de paraître tatillon : le chef d'établissement vous consacre du temps, profitez-en, et il y a de fortes chances qu'il prenne vos précautions pour du professionnalisme.

Se procurer le « kit de démarrage » pour entrer en classe

Il est temps de se préoccuper de ce qui va se passer devant les élèves. Là encore le travail d'équipe prend tout son sens : voici ceux qui peuvent vous aider :
- le documentaliste vous fournira les manuels des classes pour vous dépanner ;
- le CPE ou le chef d'établissement vous remettra la liste alphabétique des élèves, votre emploi du temps, et vous donnera éventuellement quelques informations sur des élèves à problème ;
- le secrétariat vous informera du logiciel de notes et vous remettra le calendrier pour les relevés de fin de période ;
- les collègues vous indiqueront l'endroit où sont rangés les cahiers de texte pour consulter celui de votre collègue absent ou ceux des classes dont vous héritez.

> **BON À SAVOIR**
> L'idéal est d'obtenir un cahier d'élève car il permet souvent de comprendre exactement ce qui se passe en classe.

PRÉVOIR UN COURS « BÉTON »

Quand on connaît par cœur les programmes de chaque niveau, et qu'on a sur son disque dur des batteries d'exercices, la préparation n'est pas un problème… mais ce n'est souvent pas le cas quand on débute.

Les ressources

Téléchargez les programmes et accompagnements sur le site du ministère. Allez à l'essentiel. Si le cahier de textes du collègue est à jour (et qu'il correspond à ce qui a été fait), revoyez et approfondissez la dernière notion vue. Si, par bonheur, il utilisait le manuel de la classe, vous n'avez qu'à prendre la suite !

Il se peut aussi que vous tombiez sur un hyper-organisé qui vous donnera clé en main tous les cours qu'il avait prévu de faire…

Hélas, le plus souvent, le collègue ne peut être joint, son casier est vide, le cahier n'est pas rempli depuis novembre… et aucun élève n'a son cahier sur lui, puisqu'il n'y a pas cours ! Pensez alors à vos collègues ; ils pourront sans doute vous aider.

> **EN PRATIQUE**
>
> ### LE KIT DU TZR
>
> – Si vous pensez être TZR plusieurs années, préparez une séquence passe-partout par niveau, qui reprenne des notions utiles. Une photocopieuse et un trieur vous permettront alors de tenir un bon moment. Choisissez des supports amusants, des exercices courts et variés, et prévoyez les évaluations. Comme vous connaîtrez bien vos supports, vous pourrez vous consacrer pleinement à la gestion du groupe. L'inconvénient est que vous pouvez être amené à faire la même séquence trois fois dans une année scolaire…
>
> – Si vous partez du principe que votre intervention auprès des élèves est une parenthèse dans leur année scolaire, vous pouvez en profiter pour entamer un cycle de révision, une activité différente des activités habituelles de cours… l'important est que les élèves progressent et comprennent que vous cherchez à les aider !
>
> Quel que soit votre choix, n'attendez pas trop pour évaluer le travail : pour beaucoup d'élèves, le vrai prof est celui qui note.

Être inflexible mais sympa

La plupart des élèves sont dans une position très paradoxale : ils ont envie que vous soyez un bon prof (c'est-à-dire exigeant, organisé et sérieux), mais en même temps, ils s'interrogent sur votre légitimité et vont tester votre autorité. Mettez-les au travail tout de suite, montrez-leur aussi que vous avez parfaitement intégré l'équipe et que vous êtes au courant de tout ce qu'ils ont fait avant et des éventuels projets qui concernent la classe.

Évitez les conflits, mais n'hésitez pas à aller parler de vos difficultés si les élèves vous mènent la vie dure : le chef d'établissement peut vous aider, c'est souvent efficace. Vous rencontrerez des profs qui auront aussi été TZR et qui s'en souviennent… ils vous aideront à vous imposer face aux élèves. Un prof principal énergique qui exige que les élèves vous respectent peut vous changer la vie !

 J'ai été TZR de lettres modernes pendant huit ans. Une année, j'ai dû remplacer une collègue de lettres classiques à plus de 70 km de chez moi. Je suis incapable d'enseigner le latin, alors le collège a dû faire

appel en plus à un étudiant, et des modifications d'emploi du temps ont été faites : j'avais cours avec une classe de 5ᵉ de 13 heures à 15 heures puis avec une autre de 15 heures à 17 heures, les lundis et vendredis. Les élèves étaient très mécontents de ces changements, certains n'avaient plus le temps de déjeuner chez eux, d'autres ne pouvaient plus participer à l'UNSS. Ils ont été tellement odieux avec moi que j'ai dû demander de l'aide à la principale... Il y avait dans la classe beaucoup de jeunes du voyage en cours de sédentarisation, certains apportaient leur flûte à bec pour faire encore plus de bruit. Cela n'a duré qu'un mois, mais quel mois ! C'est mon pire souvenir ! Car, dans l'ensemble, ces années ont été formatrices et assez agréables : j'ai pu observer des modes de fonctionnement différents, relativiser les pratiques... C'est une autre manière de faire le métier de prof, moins routinière, dans l'ensemble vraiment enrichissante. »

Gwendoline, ex-TZR

Quand c'est enfin fini, soignez votre départ : remplissez les cahiers de textes, laissez un mot de courtoisie avec vos coordonnées dans le casier du collègue (de toute façon, il ne vous appellera pas), une copie de vos notes, et "hit the road..."

Fiche 11

Travailler avec toute l'équipe éducative

L'union fait la force

Lorsqu'on parle d'enseignement, on pense surtout à nous, les profs. Il n'en reste pas moins que travaillent autour de nous différentes personnes très importantes : les personnels de direction, les conseillers principaux d'éducation, les services d'intendance, Le conseiller d'orientation psychologue, l'assistante sociale... sont autant d'alliés à intégrer dans vos projets et consulter en cas de difficultés !

LES ACTIVITÉS PÉDAGOGIQUES

La plupart du temps, la porte de votre classe est fermée et vous êtes seul avec les élèves, mais vous pouvez parfois décider de l'ouvrir... voici quelques exemples !

L'échange ponctuel entre deux classes

Pourquoi ne pas organiser, dans le cadre d'un travail en parallèle avec un collègue sur telle séquence, une rencontre entre les élèves de deux classes ? Pour présenter le travail que vous allez mettre en œuvre, partager quelques séances en faisant des groupes mixtes ou échanger des conclusions, vous réunirez l'ensemble des élèves. Pensez à réserver une salle plus grande qui peut tous vous accueillir : CDI, salle d'études, salle de réunion... une demande de changement de salle déposée au bureau de la vie scolaire (on doit pouvoir vous trouver à tout moment lorsque vous êtes en cours) et le tour est joué !

L'examen blanc

Vous pensiez organiser avec vos collègues un examen blanc ? Pour ce genre de réjouissances, adressez-vous au proviseur adjoint qui se charge de la coordination entre les collègues concernés et qui affecte les salles nécessaires. Mais une grande partie du travail (mise en place de sujets, correction des copies…) se fait entre les professeurs participants.

La sortie scolaire

Vous partez, c'est décidé ! Oui, mais voilà… vous ne pouvez pas partir seul ! Et encore moins sans en avoir parlé au préalable… Emmener trente élèves (voire plus) en villégiature est une entreprise d'équipe !

- Obtenez d'abord l'autorisation de la direction : présentez votre projet en mettant en valeur sa cohérence pédagogique et sa faisabilité (financière et matérielle), puis obtenez toutes les signatures !
- Assurez-vous ensuite que vos collègues ont été bien informés des impacts de votre sortie sur leurs cours : pour les absences d'élèves, c'est à la vie scolaire que vous avez affaire.
- Pour les transactions financières, adressez-vous à l'intendance : encaissement de l'éventuelle participation financière des familles, bons de réservation, devis, régie d'avance…
- Si vous pensez prendre un pique-nique pour les internes et les demi-pensionnaires, c'est le responsable de la cantine qui vous préparera les repas froids.
- N'oubliez pas l'infirmerie qui vous fournira un kit « premiers secours » avec les traditionnels pansements ! Il n'y a pas grand-chose dans cette trousse puisqu'il est absolument interdit à tout personnel non médical d'administrer un médicament par voie orale, mais une ampoule du talon peut encore être soignée !
- La sortie ne peut se faire sans accompagnateurs : surveillants, documentaliste, proviseur, tous peuvent accompagner s'ils participent au projet ou s'ils sont disponibles.

LA DISCIPLINE ET L'ORIENTATION

Un peu d'ordre ne nuit à personne et certainement pas au bon fonctionnement d'un établissement! La discipline n'est donc pas seulement le souci des profs, mais de l'ensemble des personnels. Il en est de même des problématiques liées à l'orientation des élèves.

Parlez des problèmes

Il n'est pas honteux d'avoir des problèmes de discipline! Rien n'est pire qu'un enseignant subissant, sans oser réagir, des comportements inacceptables. Le règlement intérieur prévoit pour les élèves transgressifs une hiérarchie de sanctions, allant des punitions scolaires jusqu'aux sanctions disciplinaires. Si les profs règnent sur la punition pédagogique, la sanction est l'apanage des personnels d'encadrement.

Il ne faut pas rester cloîtré derrière sa porte et attendre que cela passe… car généralement les problèmes de discipline ne se règlent pas tout seuls, ils empoisonnent la vie de tout le monde! La discussion est souvent le début de la solution: vos collègues connaissent l'élève perturbateur ou le problème évoqué et peuvent être de bon conseil. De même, les CPE, les surveillants ou l'infirmière peuvent partager des informations et aider à comprendre des comportements. Seul le partage des difficultés permet de les vaincre – ou tout du moins de les diminuer.

Vous n'êtes donc pas isolé et outre le fait d'imposer, par exemple, un devoir supplémentaire (punition qui ne fait intervenir personne d'autre que vous), n'hésitez pas à pousser la porte de la vie scolaire.

> **EN PRATIQUE**
>
> ### VOS RECOURS FACE AUX PROBLÈMES DE DISCIPLINE
>
> - Rappels verbaux, avertissements : veillez à ce que la vie scolaire soit informée et l'avertissement signé par les parents.
> - Heures de retenue : vous devez faire un rapport écrit au CPE ou au chef d'établissement pour motiver avec précision la sanction et donner du travail à faire pendant la retenue.
> - Si l'élève perturbe votre cours, vous pouvez, à titre exceptionnel, l'exclure temporairement de votre salle : c'est encore une fois la vie scolaire ou le chef d'établissement qui prend le relais pour assurer la surveillance de l'exclu.
> - En cas de faits graves, si vous êtes physiquement agressé ou si vous êtes témoin d'une agression, vous devez en référer au chef d'établissement. Il convoquera le conseil de discipline qui se chargera de décider de la sanction.

Participez aux choix d'orientation

L'éducation à l'orientation est une affaire d'équipe… C'est avec le conseiller d'orientation psychologue et le CPE que vous aidez les élèves à se repérer dans les filières et les métiers.

Vous jouez au quotidien, parfois sans en avoir conscience, un rôle important dans les décisions d'orientation de vos élèves. En effet, dans votre matière, vous valorisez leurs qualités ou mettez au contraire à jour leurs difficultés pour leur permettre de mieux se connaître.

Votre rôle est d'autant plus important si vous êtes professeur principal, car vous êtes au cœur du processus d'orientation (▶ fiche 13). Les rencontres avec le COP, les visites guidées du CDI pour exploiter toutes les sources d'information en accès libre, la préparation des stages en entreprise et leur analyse sont des activités d'équipe primordiales pour l'avenir des élèves.

> **BON À SAVOIR**
>
> Depuis 2007, les conseillers d'orientation psychologues disposent de moins de temps pour préparer les élèves à l'orientation dans le cadre de leurs permanences dans les établissements. C'est donc au professeur principal qu'est désormais dévolue cette responsabilité. C'est une question délicate à traiter, qui réclame du temps, du tact et de l'humilité : une décision grave sera prise suite à ce travail, aussi soyez très prudent dans vos affirmations. L'expérience, en ce domaine, tend à montrer que rien, absolument rien, n'est prévisible en matière d'orientation…

LES DIFFICULTÉS DES ÉLÈVES

« Il ne comprend rien » ou « il ne travaille pas assez » sont les refrains classiques… mais, même si les limites intellectuelles ou le manque patent de travail sont des facteurs essentiels d'échec, il ne faut pas pour autant oublier d'autres difficultés qui peuvent toucher les élèves.

Les problèmes familiaux et sociaux

Vous avez constaté une baisse de concentration, une apathie ou au contraire une agressivité inhabituelle chez l'un, les résultats d'un autre ont chuté brutalement, vous vous irritez d'oublis d'affaires injustifiés… parfois ces manquements sont des symptômes : ils peuvent s'expliquer par des soucis que vous ignorez. Si vous avez des doutes, renseignez-vous auprès des CPE ou du médecin scolaire : même si le secret médical lui interdit de tout vous révéler, il peut vous alerter sur une situation difficile.

Vous pouvez également suggérer à l'élève de prendre rendez-vous avec l'assistante sociale en lui rappelant qu'il peut être aidé par le fonds social lycéen pour pallier certains petits soucis financiers – à l'occasion de voyages par exemple. Pour ces difficultés, vous pouvez rappeler l'existence de bourses et renvoyer les élèves au secrétariat pour obtenir les informations et les formulaires de demande.

Les problèmes de santé

Par votre proximité avec les élèves, vous pouvez détecter des problèmes d'audition ou de vision, pour ne prendre que deux exemples simples. Pensez à en informer le médecin scolaire et l'infirmier qui peuvent faire passer des tests et informer les parents en cas de besoin. N'hésitez pas à leur envoyer les élèves, car les problèmes de concentration peuvent avoir pour origine un manque de sommeil, une mauvaise hygiène de vie, une toxicomanie débutante, mais aussi un réel problème de santé non détecté.

L'année dernière un projet ambitieux a été proposé aux classes de CAP ATFMC (Agent technique en milieu familial et collectif). Je me suis réjouie de pouvoir intégrer une équipe pédagogique aussi variée car composée des infirmières, de l'assistante sociale, du conseiller principal d'éducation, de nombreux enseignants et même de membres de la direction.
Ce projet s'inscrivait dans le cadre de la politique d'éducation à la santé mise en place au niveau national et académique visant à ne pas banaliser la consommation d'alcool auprès des jeunes. Les élèves ont participé à des réunions, des débats et des animations afin de sensibiliser les autres jeunes de la cité scolaire aux risques de l'alcool. Nous avons fait travailler les élèves en groupe et mon rôle était d'aider les élèves à analyser les documents, à rendre compte de l'information et à ordonner le tout pour l'exposition prévue. J'avais également comme objectif de créer une sorte de clip vidéo dans le cadre de l'utilisation de TICE. Le moment fort de l'action a eu lieu au cours de la semaine culturelle organisée fin mars dans la cité scolaire. Ce fut l'occasion de valoriser le travail des élèves pleinement acteurs dans ce projet, d'une part de manière active (sous formes d'expositions, d'interventions extérieures) et d'autre part de manière récréative, (diffusion de clips vidéos, dégustation conviviale autour de cocktails sans alcool...). »

Corinne, PLP2 en lettres et histoire.

Voilà des liaisons fort heureuses dont il serait dangereux de ne pas profiter! Les membres de l'équipe éducative se révèlent toujours extraordinairement complémentaires: tous ont à cœur de réunir les atouts nécessaires à la concrétisation du projet d'établissement, à la réussite et au bien-être des élèves. Brisez donc les barrières, osez les alliances, parlez... Vous n'en serez que plus fort!

Coordonner une équipe pédagogique
Y a-t-il un pilote dans l'avion ?

Dans certaines disciplines, en SVT ou sciences physiques par exemple, il y a un laboratoire, en histoire et géographie, une salle des cartes, qui justifient pleinement le fait qu'un des professeurs soit nommé pour assurer des travaux d'intérêt collectif. Mais, depuis quelques années, toutes les disciplines se sont dotées d'un coordonnateur. Qui est-il ? À quoi sert-il ?

GÉRER LES RESSOURCES COMMUNES

Le coordonnateur est le responsable des finances de l'équipe. Chaque année, il justifie les demandes de son équipe en termes d'équipement et de fonctionnement lors de la réunion d'attribution des crédits. Il doit ensuite gérer le matériel acheté et les fonds alloués. Il lui faut donc prendre très régulièrement connaissance des besoins de chacun, faire l'inventaire des équipements. On lui signale les pannes, on lui demande de passer les commandes…

Pour ces commandes de matériel, il s'adresse au gestionnaire de l'établissement, qui a toujours un réseau bien organisé de fournisseurs fiables et rapides.

Être coordinatrice en espagnol demande pas mal de disponibilité. C'est moi qui gère l'emploi du temps de l'assistant d'espagnol. Je dois l'organiser chaque semaine en fonction des souhaits de mes collègues et de ses disponibilités. C'est un travail ingrat, mais riche en relations humaines. L'an dernier, l'assistante était colombienne, nous avons beaucoup sympathisé. Je m'occupe aussi de la gestion du matériel, lecteurs cassettes et CD, et équipements audiovisuels. Je suis également chargée de l'organisation du voyage de fin d'année à Madrid. Parfois,

j'ai l'impression que mon travail n'est reconnu par personne, ni par mes collègues, ni par la direction. C'est un travail énorme, et il serait normal de le rémunérer vraiment. »

Agnès, professeur d'espagnol dans un lycée privé sous contrat.

INFORMER ET COMMUNIQUER

Informer

Le rôle principal du coordonnateur est de faire le lien entre la direction de l'établissement et l'équipe disciplinaire. À ce titre, il reçoit un certain nombre de courriers ou de courriels, émanant des diverses instances hiérarchiques et des partenaires : ce sont soit des propositions, des actions pédagogiques, des avis de concours, des stages de formation... soit des demandes qui doivent être relayées, ou des convocations comme la participation aux commissions de choix de sujets d'examen... Dans tous les cas, ces informations doivent être transmises à tous les membres de l'équipe. Cette tâche est souvent contraignante, car elle demande régularité et rigueur : pas question de mettre à la poubelle un projet qui aurait permis à un collègue de s'investir dans une activité passionnante !

Faire circuler l'information est capital. Dans les grands établissements, il est presque impossible de trouver un moment pour une réunion d'information qui permettrait à chacun de connaître les activités et projets des autres : c'est donc le rôle du coordonnateur de diffuser largement et régulièrement les informations internes. Il peut le faire sous la forme d'un compte rendu écrit qu'il dépose régulièrement dans les casiers. Le mail est aussi un bon moyen de tenir ses collègues informés, à condition qu'ils aient le réflexe de regarder régulièrement leur messagerie !

> **EN PRATIQUE**
>
> EXEMPLE DE COMPTE RENDU DE CONSEIL D'ENSEIGNEMENT EN DÉBUT D'ANNÉE
>
> (CR adressé au chef d'établissement et remis aux collègues)
> Date :
> Enseignants présents :
>
> Achats :
> – commandes sur le budget alloué (données à titre informatif),
> – besoins particuliers dépassant le budget (suggestions nécessitant l'accord du chef d'établissement).
>
> Organisation des sorties :
> – obligatoires dans le cadre de la discipline,
> – facultatives.
>
> Organisation d'examens blancs :
> – dates,
> – modalités.
>
> « Des oraux blancs pourraient être organisés au mois de mars. Compte tenu du surcroît de travail pour les profs que cette organisation impose, il faudrait envisager de banaliser les créneaux nécessaires et/ou envisager une rémunération exceptionnelle. »
>
> Bilan de la concertation sur le programme :
> – répartition des ressources communes (faire un tableau pour éviter les collisions),
> – choix de l'ordre pour traiter le programme (harmonisation ou non),
> – échanges divers.
>
> Il peut y avoir différentes rubriques selon les disciplines, mais l'important est de faire apparaître tous les points abordés clairement pour faciliter la communication et optimiser les prochaines réunions.

Communiquer

La clé de tout travail efficace est une communication bien menée. Il faut absolument éviter les réunions où tout le monde parle d'autre chose, ce qui se produit si les participants ne se sentent pas concernés, ou s'ils ont le sentiment que la collaboration ne leur apportera rien. De même, il est inutile de se grouper pour effectuer un travail qui avancera plus efficacement seul ! Conclusion : le coordinateur doit s'efforcer d'insuffler un dynamisme à l'équipe, en ménageant des temps de travail commun. Voici, pour vous aider, une méthode en trois temps :

- D'abord, présenter l'information ou/et le problème à résoudre. Vous pouvez le faire sous la forme de votre choix, mais veillez à laisser une trace à laquelle se reporter en cas de doute (mail, texte dans le casier…). Donnez toutes les informations nécessaires pour que chacun ait bien en tête les données à examiner. Vous pouvez préparer un petit dossier, mais veillez à ce qu'il reste lisible rapidement. Donnez un délai de réflexion et fixez la date à laquelle la décision doit être prise par l'équipe. Pendant le délai de réflexion, le coordinateur réfléchit comme ses collègues à la solution qu'il va proposer.
- Au terme du délai, une réunion courte s'impose : quelques minutes pour examiner ensemble, non plus le problème, mais les solutions qui ont été envisagées par chacun. Si une personne n'a pas réfléchi, elle sera contrainte de se plier aux décisions des autres, mais ceux qui auront quelque chose à proposer seront écoutés avec attention. À l'issue de la réunion, une décision devrait être prise, ou au moins une direction.
- Quand un consensus a été trouvé, le coordinateur travaille sur la solution retenue, la met en pratique, fait les démarches, les réservations nécessaires puis rédige le document final à destination de ses collègues. De cette manière, chacun garde trace du résultat de la concertation. Si, pour quelque raison que ce soit, aucune décision n'est prise, il faudrait revenir à la première étape, en intégrant les nouvelles données du problème.

Cette manière de travailler présente plusieurs avantages :

– elle permet à tous de se faire entendre ;

– elle a le mérite de laisser une trace écrite, à la fois des données de départ et de la décision prise : elle dote l'équipe d'une mémoire ;

– elle oblige tous les collègues à adopter une position commune, et à s'y tenir !

> **BON À SAVOIR**
>
> C'est le chef d'établissement qui nomme, dans chaque discipline, l'un des professeurs pour remplir ce rôle de coordination. Il peut choisir celui qui est le plus ancien dans l'établissement, celui qui lui semble le plus compétent dans la discipline, ou celui dont la personnalité lui paraît la plus adaptée. Cela peut aussi être pour lui l'occasion de rétablir un équilibre. Parfois, il laisse le soin à l'équipe de le choisir elle-même ; l'un se dévoue pour le plus grand soulagement des autres, ou l'on assiste à de véritables rivalités pour « obtenir le poste » ; certaines équipes désignent chaque membre à tour de rôle. Dernier point : le coordinateur n'est pas rémunéré, et ne bénéficie d'une décharge horaire que dans les disciplines qui ont un laboratoire.

ORGANISER LES ACTIONS DE TOUS

Les actions communes (examens blancs, sorties, etc.) sont organisées par le coordonnateur. C'est lui qui remplit les demandes d'autorisation ou qui soumet le calendrier de travail au chef d'établissement. Il a intérêt à se procurer auprès du secrétariat la liste complète des élèves par classe et les emplois du temps de ses collègues…

L'organisation des devoirs communs implique un travail fait en amont sur les progressions de chaque classe et les choix effectués dans les programmes. Le sujet du devoir n'est que la partie émergée de l'iceberg ! Il faut en prévoir dès la rentrée la date et le contenu pour que chaque prof puisse s'organiser et préparer efficacement ses élèves.

Concernant les sorties et voyages, il contacte les éventuels partenaires, fait établir les devis comparatifs… il s'agit de préparer le travail pour faire gagner du temps à l'équipe, lui permettre de se concentrer sur l'essentiel, à savoir : les choix pédagogiques. Évidemment, organiser les activités communes en tenant compte des désirs de chacun est un casse-tête !

Le coordinateur est donc responsable de la concertation entre les membres de l'équipe. Disons-le sans ambages, le rôle de coordinateur réclame une certaine patience et un sens aigu de la diplomatie. Il faut s'accommoder des changements de dernière minute, imposés sans discussion, ou des décisions collectives non suivies d'effet… quand ce n'est pas un collègue qui décide de son propre chef d'organiser une action d'envergure, sans en parler à personne... Néanmoins, la tolérance est une vertu : nombre de bonnes idées des collègues sont à retenir et à soutenir. Encore faut-il en être informé, et pour cela, privilégier la communication !

Ce que n'est pas le coordonnateur ? Il n'est pas un chef, ni un supérieur, ni quelqu'un qui garde les informations intéressantes pour lui, ou qui n'organise que ses propres affaires... Le coordonnateur est un précieux collaborateur que vous gagnerez à bien informer de tous vos projets et idées pour l'aider à être plus efficace !

Fiche 13

Préparer un conseil de classe
Le tribunal des flagrants délires ?

Le conseil de classe est un moment important pour l'élève et sa famille ; c'est là que sont reconnues ses qualités, ou pointés ses défauts. C'est aussi une étape majeure dans son orientation scolaire. Il peut donc le vivre comme une épreuve. Côté profs, le conseil de classe est parfois perçu comme une corvée... C'est pourtant le seul lieu de réunion de l'équipe pédagogique au grand complet, et à ce titre le moment d'un échange indispensable.

LA PRÉPARATION

Pour que l'examen de chaque dossier soit profitable, il faut que le conseil soit bien préparé. C'est le travail du professeur principal qui doit s'informer régulièrement auprès de ses élèves et de son équipe pédagogique.

Avec les élèves

Établir une relation de confiance avec l'élève est primordial. Il faut connaître ses antécédents scolaires et personnels, ses projets d'orientation, son éventuel projet professionnel, sa personnalité... On peut recueillir ces informations sur un questionnaire et s'en servir de base à une éventuelle discussion, si le besoin s'en fait sentir. Rencontrer les familles donne un complément d'information, mais permet aussi de se rendre compte de certaines situations...

En général, le professeur principal prépare le conseil de classe avec ses élèves pendant l'heure de vie de classe. La vie scolaire est partenaire de cette préparation. Parfois, le CPE vient y assister, parfois il fournit des questionnaires que les élèves remplissent par groupe, et qui serviront de support aux délégués quand ils devront prendre la parole en conseil. Le but de cette préparation est d'entendre le point de vue des élèves sur leur classe et leur travail du trimestre (nombre et rythme des contrôles, ambiance de la classe, problèmes éventuels…).

Le prof principal au sein de l'équipe pédagogique

Suivre les résultats individuels des élèves de la classe dont on a la charge est possible grâce à la plupart des logiciels de suivi des notes : le professeur principal a accès aux notes au jour le jour. Indispensable avant une rencontre avec les parents ou l'élève…

Il est bon de rencontrer chaque membre de l'équipe éducative pour faire le bilan global (▶ fiche 9). Si tout s'est passé normalement dans la communication, aucune remarque ne devrait surprendre le prof principal pendant le conseil.

Les moyennes et les appréciations du bulletin offrent un tableau assez complet du travail et de l'attitude de l'élève pendant le trimestre. Reste à en préparer une synthèse aussi fidèle que possible en faisant abstraction de ses ressentis et en ne négligeant aucune matière. L'exactitude dans la formulation de l'appréciation finale est essentielle !

LA CONDUITE DU CONSEIL

L'équipe pédagogique discute et statue sur le cas de chaque élève. Le « tour de table » ouvre le conseil de classe : la parole est donnée à chacun pour qu'il s'exprime sur le travail de la classe. On observe alors les comportements décrits dans la première partie : certains balbutient quelques mots à peine audibles, d'autres répètent ce qu'ils viennent d'entendre, certains entrent dans d'inutiles détails, d'autres règlent leurs comptes, certains s'écoutent parler, d'autres regardent leur montre en parlant le plus vite possible. Pour ceux qui attendent leur tour, la tension monte…

Il est beaucoup plus constructif de se limiter à ce que les chiffres ne montrent pas : le profil de la classe, le comportement des élèves, leur attitude face au travail. Pour éviter la perte de temps et la mauvaise ambiance du tour de table, on peut explicitement demander à ce que ces informations soient données rapidement.

Les informations à faire circuler

Si vous êtes professeur principal, prévoyez, pour chacun de vos collègues, une fiche de synthèse des résultats des élèves de la classe : leurs moyennes par matière, leur moyenne générale. Quelques éléments de comparaison permettent d'éclairer ces chiffres, comme les résultats des autres classes du même niveau, ou des trimestres précédents pour situer la classe et en suivre l'évolution. On peut projeter sur écran un graphique représentant le profil de l'élève, ses résultats par disciplines, ses progrès, etc. Ces outils sont très pratiques pour aider à avoir une vue d'ensemble.

Normalement, cette présentation fonctionnelle devrait aider à adopter un rythme assez rapide. Discuter de la scolarité de trente-cinq élèves en deux heures de travail exige de passer en moyenne trois minutes par élève ! C'est très peu… et c'est dire toute l'importance de la préparation. Le conseil de classe est donc le moment où la synthèse faite par le professeur principal est officiellement adoptée par tous.

Gérer les conflits

Le conseil de classe n'est pas un tribunal. Ce n'est pas le moment des attaques de personnes, qui doivent être désamorcées en amont. On comprend bien que le moyen de régler une opposition n'est pas de prendre violemment et publiquement une personne à partie, ou de dénigrer un absent sous les yeux de ses camarades !

> **EN PRATIQUE**
>
> Il arrive que les élèves se plaignent d'un collègue à leur professeur principal. Mais il est souvent préférable qu'un conflit se règle de lui-même, sans l'intervention d'un témoin gênant.
>
> Obtenez des élèves qu'ils en parlent d'abord avec le professeur concerné, quitte à ce qu'ils vous tiennent informé. En tant que personne extérieure, vous pouvez (et vous devez) rester neutre : il y a toujours une part de vérité et une part d'exagération dans les propos des élèves. Écoutez, faites argumenter les élèves, combattez les contre-évidences, demandez des éclaircissements sur un point.
>
> Plusieurs avantages à ce dialogue : vous faites baisser la charge émotionnelle, les jeunes « vident leur sac », ils se sentent entendus, et vous mettez en lumière les excès et les contradictions, ce qui peut ramener les plus modérés à la raison. Résultat : le dialogue entre le prof et les élèves sera facilité. Si vous connaissez bien ce collègue, vous pouvez lui parler de cette classe et lui laisser la possibilité d'évoquer un quelconque problème. S'il ne le fait pas, c'est soit qu'il n'en a pas conscience, soit qu'il est lui-même tellement bouleversé qu'il ne peut pas vous en parler. Respectez-le.
>
> Si les choses s'enveniment au point que le conflit ne semble ni devoir se régler seul, ni le temps apaiser les choses, alors, il faut agir ! Ne restez pas seul médiateur, impliquez un CPE : ils sont formés pour gérer les conflits, et ils disposent d'un levier puissant en tant que maîtres des punitions ! Prenez une heure de vie de classe pour débattre et demandez à ce que soit mis en place à la fin de l'heure un compromis qui satisfasse les deux parties. Fixez des règles : seuls les délégués – ou deux élèves particulièrement concernés – ont la parole, les autres doivent rester silencieux jusqu'à ce qu'on leur donne la parole à la fin. Ils peuvent néanmoins donner leur point de vue par écrit à leur délégué. Le CPE et vous êtes les arbitres, vous devez interdire les dérapages de part et d'autre et veiller à ce que les deux parties aient équitablement l'usage de la parole. Ceci devrait permettre d'éviter l'esclandre au prochain conseil !

Il peut arriver aussi que deux collègues ne soient pas du même avis et se querellent. De même, les délégués des parents d'élèves peuvent se montrer agressifs ou demander des explications avec opiniâtreté sur un sujet. La parole est au chef d'établissement. Il ne devrait pas tolérer qu'un prof ou son établissement soient mis en cause de cette manière, et proposer une discussion en dehors du conseil de classe entre les parties concernées. Heureusement, ces situations désagréables arrivent rarement, et sont d'autant mieux évitées et gérées que le conseil a été soigneusement préparé et que le rythme est soutenu. Il est plus difficile d'interrompre une mécanique bien huilée, seuls ceux qui ont vraiment quelque chose à dire s'y risquent.

Quand c'est fini, il reste à faire le compte rendu du conseil à la classe. Bien que ce soit le rôle des délégués, il est souvent bon de s'assurer qu'ils ont bien compris et bien retranscrit les propos. On est parfois surpris… Ensuite, il appartient au professeur principal de rencontrer individuellement les élèves et de mettre en place les modalités décidées en conseil.

Fiche 14

Travailler en parallèle avec un collègue

Moi, c'est toi, toi c'est moi...

« Une classe, un prof » ne correspond pas toujours à la réalité. Force est de constater que vous pouvez être plusieurs pour la gestion d'une seule classe ! Ôtez vos œillères, munissez-vous d'un agenda pratique et fourni en pages vierges et soyez prêt pour une concertation efficace et un partage des tâches précis.

ORGANISER LE COURS

Vous pouvez être confronté à la situation peu confortable de devoir partager une classe avec un collègue : vous êtes deux pour assurer l'ensemble des cours ou pour vous partager cours et TP ou TD.

Afin que ce partage ne soit pas trop consommateur d'énergie et de temps, mieux vaut dès le début établir des objectifs communs et des progressions similaires, même si l'évolution d'une classe nécessite des ajustements permanents.

Se répartir le travail

Réfléchissez à la progression annuelle dès le début. Cela permet d'avoir une réflexion sur ses propres choix, sur leur légitimité et sur l'intérêt de nouvelles méthodes.

Au collège et au lycée, de nombreuses disciplines travaillent en séquences plus ou moins indépendantes. Deux possibilités s'offrent alors à vous :

	Chacun gère une séquence sur une même période	Vous vous partagez les séances au sein d'une même séquence
Avantages	Beaucoup plus d'autonomie : on dépend peu de l'autre et on lui propose à la fin de la séquence une fiche bilan sur ce qui a été vu précisément.	Pour les élèves cela revient à n'avoir qu'un seul prof car les séances élaborées à deux s'enchaînent les unes aux autres.
Inconvénients	Risques de confusion pour les élèves car nombreuses notions à assimiler en même temps.	Plus de travail : la préparation de l'ensemble de la séquence doit être commune et la mise à jour de l'avancée de l'enseignement doit être quotidienne. Le relais est beaucoup plus contraignant ;

Mais vous pouvez être dans un autre cas de figure, celui où il y a deux types de séances : les séances de cours magistral et celles de TP ou TD. Plusieurs possibilités de combinaisons existent alors. Voici les deux plus représentatives :

- il y a un responsable du cours magistral et un (ou plusieurs) collègue(s) qui se charge(nt) des TP/TD :
  - soit le responsable du cours prépare les TD et TP pour ses collègues,
  - soit il les leur laisse préparer.
- le cours magistral est divisé en plusieurs parties : il y a un responsable par partie du cours qui assure ses propres TP/TD. Mais, parfois, il peut charger d'autres collègues de ses TD.

> *J'ai la responsabilité d'une matière présentée devant une centaine d'étudiants par an. Les cours magistraux sont assurés en classe entière, mais pour des raisons évidentes d'efficacité pédagogique, des groupes de TP et TD de 25 étudiants sont mis en place. Cela nécessite l'intervention dans ma matière de cinq collègues différents. Assurer le cours en classe entière me permet de garantir à chaque étudiant une avancée du cours à l'identique. Je dois cependant m'imposer (ainsi qu'à mon*

"équipe") quelques règles essentielles pour que chaque groupe avance au même rythme :
- *je rédige moi-même la totalité des sujets TD/TP et les fournis à mes collègues plusieurs semaines à l'avance ;*
- *j'impose que chaque TD soit fini dans sa séance. Tout "débordement" doit m'être signalé. Je dois alors évaluer l'opportunité de ralentir tous les autres groupes ;*
- *je fournis des corrections types à tous les intervenants. Ainsi, chacun sait quelles notions sont visées par l'exercice choisi et conserve par ailleurs sa liberté pédagogique d'explication.*

La rédaction de tous les sujets et des corrections augmente fortement la charge de travail dans un premier temps mais, à plus long terme, cela permet une gestion fluide et cohérente de l'ensemble des groupes.

Avec le système que je décris, les collègues peuvent se sentir prisonniers de mes choix. Il n'en est rien ; chacun garde sa liberté dans les cadres fixés. En termes pratiques, cela peut se traduire par la liberté d'interrogation et de contrôle. Ainsi tous les intervenants conservent un pouvoir de sanction. »

Stéphane, maître de conférence en IUT.

Organiser les évaluations

En fonction des choix que vous avez faits pour la répartition des cours, les évaluations seront indépendantes, ou communes. Dans tous les cas, vous pouvez opter pour une double correction, vous permettant d'avoir une vision complète du niveau des élèves. Le partage des copies nécessite un barème très précis afin de proposer une notation homogène.

GÉRER LES ÉLÈVES

L'organisation matérielle

Entendez-vous sur le matériel pour pouvoir travailler dans de bonnes conditions. Les élèves ne doivent pas pouvoir contester ou prendre pour excuse que « M. ou Mme X. a dit que… » Les élèves savent parfaitement repérer vos doutes concernant ce que l'autre enseignant aurait pu dire ou faire, pour les utiliser à leur avantage ! Le cas échéant, n'hésitez pas à prétendre vous être mis d'accord, quitte à régler le problème dès la sortie du cours avec votre collègue. Pour préserver votre autorité, affichez un front uni dans les moments difficiles !

Le comportement et les sanctions

Face aux élèves, il est bon que chacun conserve sa personnalité et établisse avec eux des relations authentiques.

En pratique, essayez de vous tenir informés le plus précisément possible de tous problèmes de discipline ou de travail non fait. Vous pouvez également décider que l'un d'entre vous est le référent avec la vie scolaire.

Les parents

Mieux vaut unir vos voix pour faciliter le dialogue avec les parents soit en vous présentant ensemble, soit en vous concertant avant pour éviter tout malentendu par la suite.

SE RÉPARTIR LES TÂCHES ANNEXES

Cahier de textes

Rendre compte de ses activités à chaque séance semble indispensable lorsqu'on est plusieurs : même si vous avez organisé le déroulement de la séquence ensemble, un retard ou un empêchement sont toujours possibles. Il faut être prévenu de tout décalage pour pouvoir prendre le relais convenablement.

Conseil de classe

- La concertation préalable permet, encore une fois, de parler d'une seule voix et d'offrir un profil complet de l'élève. Les divergences de regard que vous portez ne sont pas négatives, elles peuvent au contraire enrichir la vision des élèves et en faire percevoir toutes les qualités ou difficultés.
- Vous pouvez alterner les « corvées » et rentrer les notes chacun votre tour, par exemple, ou choisir d'inscrire seulement celles des devoirs corrigés.

EN PRATIQUE

TRAVAILLER À DEUX

Ce mode de fonctionnement nécessite de nombreuses qualités :
- être capable de réagir très vite aux imprévus et s'adapter sans concertation immédiate à une situation qui n'avait pas été envisagée ;
- être à l'écoute de son collègue et savoir faire des concessions. On ne choisit pas celui avec qui on partage sa classe ; seul l'intérêt des élèves doit être mis au centre des préoccupations ;
- être respectueux des engagements pris pour ne pas mettre votre collègue en difficulté.

En bref, de la rigueur et de la tolérance pour que chacun trouve sa place dans le cadre défini.

La tenue d'un cahier de classe semble un moyen simple et efficace d'assurer une concertation rapide et de ne rien oublier. On pourrait y trouver ce type de rubriques :
- rubrique « pédagogie » concernant le contenu du cours (calendrier/retards éventuels…) ;
- rubrique « discipline » où sont notées les sanctions éventuelles et où vous tenez au courant votre collègue des problèmes rencontrés ;
- rubrique « parents » où vous consignez le résumé des rencontres ;
- rubrique « note » où sont regroupées les notes de toutes les évaluations.

Pour pouvoir utiliser efficacement le cahier il faut que celui-ci demeure toujours au même endroit (dans un de vos casiers par exemple)

Voilà de quoi dédramatiser une situation qui peut sembler difficile à gérer ! Se partager des élèves nécessite un peu d'organisation et de temps… Ce sont les qualités indispensables à tout prof qui se lance dans les divers projets évoqués dans la quatrième partie de cet ouvrage… alors courage !

Partie 3
Faire travailler les élèves en groupe

Fiche 15

Pourquoi faire travailler les élèves en groupe ?

Liberté, égalité, fraternité !

Quel est votre rôle ? Poser des questions, attendre des réponses et finalement les donner aux élèves, ou faire en sorte que vos élèves s'emparent joyeusement des connaissances, des méthodes et qu'ils apprennent à vivre ensemble en toute sérénité ? Voici, si vous optez pour la seconde solution, quelques bonnes raisons de vous lancer un défi : faire travailler les élèves en groupe !

CRÉER OU RENFORCER DES LIENS

Le schéma traditionnel de la classe s'ordonne autour de quatre ou cinq rangées de tables face à une estrade, symbole d'autorité et d'un tableau, symbole du savoir. Le travail en groupe invite, au contraire, chaque élève à s'investir dans un tout autre rapport avec vous et ses camarades.

Exit le face-à-face souvent fatal du cours magistral

Lors du travail en groupe, la configuration spatiale de la classe change, le rapport prof/élève évolue…
- L'élève timide se sent soutenu par les camarades avec lesquels il lui est plus facile de communiquer et qui sont une sorte d'intermédiaire avec vous. C'est aux questions adressées au groupe qu'il répondra et aura ainsi moins l'impression d'être dans un face-à-face paralysant.
- L'élève indifférent, « assommé » par un cours magistral, est plus impliqué dans le travail du groupe. Confiez-lui le rôle de devoir représenter

ses camarades lors de la synthèse en classe entière par exemple, cela le flattera et l'invitera à plus d'engagement !
- L'élève agité peut être canalisé par les autres membres du groupe qui n'hésiteront pas à le censurer et à le remettre au travail pour ne pas être sanctionnés. Désignez – ou laissez choisir – un « gendarme » du groupe dont l'autorité sera plus facilement acceptée que la vôtre !
- L'élève agressif, celui qui s'autodévalue, s'apaise car il se sent moins écrasé par le prof. Il ne vous sollicite que s'il en a besoin, et peut parfois être « heureusement » surpris par votre ignorance ! N'hésitez pas à l'accompagner dans la recherche pour susciter une curiosité complice.

Bienvenue à l'échange et au partage

Faire travailler ses élèves en groupe, c'est les mettre en situation d'échange : chaque membre du groupe doit être utile aux autres. Définissez donc une tâche qui :
- est irréalisable par un seul élève dans le temps imparti : l'individualiste doit faire avec les autres ! Faites en sorte que chaque élève ait une partie du puzzle à reconstruire : par exemple, jeu de rôle en histoire-géographie où chacun jouera un personnage différent et indispensable à la reconstitution.
- fait appel à différentes compétences mises en commun : le commentaire d'un texte demandera de la sensibilité dans l'analyse, de la rigueur dans la construction du plan et des qualités d'expression pour la rédaction. Bien peu d'élèves possèdent l'ensemble de ces qualités et ainsi chacun sera valorisé…
- nécessite tolérance et ouverture d'esprit. Proposez un problème ouvert en mathématiques dont l'énoncé est le même pour tous les élèves, mais dont les solutions peuvent être diverses, plus ou moins rapides, utilisant des connaissances et des stratégies variées. Cela montrera que, contrairement aux idées reçues, en mathématiques, ce n'est pas toujours tout juste ou tout faux !

Proposer un travail en groupe, c'est aussi faire se rencontrer des personnalités différentes qui s'ignorent, se méprisent, ou parfois même se détestent… Le but est de créer une alchimie fonctionnelle : vous la reconnaissez à une ambiance détendue et agréable ; les élèves participent activement et avec pertinence, s'écoutent patiemment, se répondent sans agressivité et évaluent eux-mêmes les éventuelles causes d'inefficacité ! Ils ont alors dépassé leur individualisme pour considérer l'intérêt commun.

> *Le plus difficile dans les Travaux Personnels Encadrés n'est pas, comme on pourrait s'y attendre, le travail de recherche, c'est surtout le fait de parvenir à bien fonctionner en groupe. Lorsque nous formons les groupes au début de l'année, nous devons parfois nous mettre avec des élèves que nous connaissons à peine. Il faut alors faire un grand travail d'écoute et d'objectivité, concilier les diverses opinions. L'intérêt du travail en groupe est de faire de nos différences une force et une originalité. Le temps d'un exposé, nous devons trouver un rythme commun. Avec cet élan positif, nos différences ne présentent plus que des avantages : les débats autour du sujet sont intéressants et constructifs, on apprend ensemble, sans s'en rendre compte, à persuader et à convaincre. C'est également un moment où l'on prend confiance : il y a une émulation et on peut surprendre les autres tout en nous surprenant nous-mêmes. À la fin, on réalise que ce qui a permis de pleinement cerner le sujet est justement l'union de personnalités très différentes ! »*

Jessica, élève de terminale littéraire.

DÉVELOPPER DES COMPÉTENCES

Vous avez permis aux élèves de développer des qualités « sociales ». Vous allez en parallèle faire progresser leur capacité à s'exprimer à l'oral, développer leur esprit critique, leur donner envie d'argumenter et leur apprendre à organiser leur travail de façon plus autonome.

Favoriser la prise de parole et la défense d'idées

Une remarque liminaire justifie à elle seule le bien-fondé du travail de groupe : lors d'une séance de travail de 55 minutes en classe entière (trente élèves), si tous les élèves participent, chacun bénéficie d'à peine deux minutes de temps de parole, alors que dans un travail en groupe, il dispose d'un temps très supérieur, puisque la parole est distribuée simultanément dans les groupes. L'intérêt est particulièrement important dans l'apprentissage des langues.

Mais tout échange, pour qu'il soit constructif, doit reposer sur des codes communs. N'hésitez pas à imposer quelques règles :

- interdisez les familiarités, et plus encore les grossièretés. Le fait de s'adresser à des camarades ne doit pas justifier un relâchement de l'expression ;
- demandez au groupe de choisir son mode de décision s'il doit y avoir des choix : consensus, vote, arbitrage… Dans tous les cas, la capacité à argumenter est essentielle et les élèves s'initient ainsi au débat démocratique auquel est convié tout citoyen !

Organiser un travail, construire un apprentissage

Le travail en groupe implique une plus grande autonomie des élèves. Mais vous restez leur guide, puisque c'est vous qui définissez les objectifs et les types d'exercices. Ils mettent ainsi en jeu des compétences de lecture, d'analyse, de synthèse, de rédaction, de réflexion mais aussi de créativité.

Étapes du travail de groupe	Compétences développées	Finalités
Confrontation au sujet	– bien lire et analyser un sujet.	– repérer des difficultés de compréhension de l'énoncé ; – solliciter des connaissances ou les méthodes nécessaires pour l'exercice.
Exploration	– aller chercher la bonne information ; – adapter son support de recherche au travail demandé ; – utiliser les nouvelles technologies ; – communiquer avec ses camarades ou tous ceux susceptibles d'apporter de l'aide.	Les diriger vers différents supports de recherche : – documents écrits : manuels, encyclopédies et dictionnaires, magazines, journaux… ; – ressources humaines : documentaliste, interviews d'autres élèves, de professeurs ou de personnes extérieurs à l'établissement ; – ressources informatiques : logiciels, CD-ROM, Internet, base de données du CDI… ; – ou bien simple réflexion individuelle ou collective !
Regroupement des informations et tri	– organiser et trier des informations ; – être capable de répondre à des questions et de justifier des choix.	Leur proposer différentes modalités selon la matière et l'exercice : – trace écrite : classeur mis à la disposition de tous, tableau sur une grande feuille, schéma, utilisation de couleurs… ; – exposé oral suivi ou non de questions.
Mise en forme et présentation (qui peut être différente de la précédente)	– présenter de façon claire et intelligible des informations ; – faire preuve de créativité et d'originalité ; – respecter des consignes de présentation.	Leur suggérer ou leur imposer des contraintes : – forme : document écrit, informatique, exposition, sketch, exposé oral… ; – taille du document : nombre de pages, espace d'exposition limité, temps de parole imparti ; – plan…
Réflexion sur l'expérience (indispensable pour repérer les points forts et les points faibles de l'expérience)	– avoir un regard critique sur son travail et celui des autres ; – mettre au point des stratégies pour améliorer l'efficacité du travail.	Lui donner des formes variées : – discussion en classe entière ; – compte rendu personnel ou collectif ; – réponse à un questionnaire de « satisfaction »…

Alors convaincus ? Allez-vous vous lancer dans cette périlleuse aventure ou resterez-vous "caché" derrière votre bureau ? Vous risquez bien plus quand vous vous exhibez sur l'estrade qu'en circulant parmi des élèves si actifs, autonomes et motivés qu'ils vous remarquent à peine !

Fiche 16

Optimiser le travail de groupe

Tous à vos postes !

Une fois réunis, les élèves sont contraints de communiquer… Mais ce n'est pas toujours facile, et prendre la parole peut s'avérer désastreux pour le groupe : la prise de parole révèle en effet le rôle que tel ou tel élève s'est assigné. L'intérêt est de faire en sorte qu'un fonctionnement démocratique soit mis en place dès le début. De plus, les fonctions peuvent être définies et distribuées dans le groupe pour que règnent efficacité et bonne humeur !

OBSERVER LA PRISE DE PAROLE DANS UN GROUPE

Les grilles d'observation

Vous pouvez, avant de mettre les élèves en situation de travail de groupe, leur montrer les enjeux du langage verbal et gestuel et les inviter à réfléchir sur leurs interventions. Formez un groupe d'élèves désireux de participer à un débat et distribuez aux autres élèves de la classe (eux aussi divisés en groupes) des grilles d'observation (▶ « En pratique », p. 100[1]).

---

[1]. Ces grilles sont très largement inspirées des grilles proposées par Michel Barlow dans *Le travail de groupe des élèves*, Bordas, 2004.

EN PRATIQUE

LES GRILLES D'OBSERVATION

Grille n° 1 (contenu et rythme de la discussion) : prise en note de toute la discussion en distinguant les thèmes et les sujets abordés au fur et à mesure et en notant le temps imparti à chacun d'eux.

Grille n° 2 (identité des intervenants, temps de parole et mode d'intervention) : constituée de trois colonnes, l'une comportant de nom de chaque acteur de la discussion, l'autre dans laquelle est noté le temps de l'intervention et une troisième dans laquelle est inscrite sous forme de sigle (pour aller plus vite) la catégorie d'intervention (I : donner une information/Q : poser une question/R : apporter une réponse/S : faire une suggestion/A : approuver/C : critiquer).

Grille n° 3 (structure de la discussion) : schématisée par un cercle sur lequel sont inscrits sous forme de points avec leurs initiales les élèves participant à la discussion et d'où partent, pour chaque intervention, des flèches soit dirigées vers un autre point (destinataire de l'intervention), soit tangentes au cercle pour indiquer que la prise de parole s'adresse au groupe.

Grille n° 4 (attitudes des intervenants) : note les attitudes positives ou négatives. Elle peut prendre en compte le langage verbal (compliments, encouragements, aide ou au contraire critiques, mutisme boudeur...) et non verbal (sourires, acquiescement de la tête, position correcte sur la chaise... ou au contraire moue, froncement de sourcils, agitation...)

Voici deux exemples de tableaux dans lesquels les observateurs n'ont qu'à cocher les bonnes cases.

Prénoms des élèves	Attitudes positives				Attitudes négatives			
	Complimente	Aide	Sourit	Se tient bien	Critique	Marmonne dans son coin	Boude	S'agite

Prénoms des élèves	Type d'intervention					
	Informe	Questionne	Répond	Suggère	Critique	Acquiesce

Analyse et réflexion

Ces grilles permettent de mener une réflexion :
- sur le fonctionnement du groupe dans sa globalité :
  - Y a-t-il un échange équilibré entre les différents membres du groupe ?
  - Y a-t-il des rapports de force qui se sont dessinés ?
  - Quelle est l'atmosphère de travail ?
  - La réflexion s'est-elle concentrée sur un aspect ou s'est-elle dispersée ?
- sur sa propre attitude pour chaque élève :
  - Est-ce que je m'adresse à tous mes camarades ? Si non, pourquoi ?
  - Est-ce que je suis assez présent dans la discussion ? Si non, pourquoi ?
  - Est-ce que j'ai une attitude positive ou négative ? Que puis-je faire pour la modifier ?
  - Est-ce que je fais progresser le groupe ?….

Toutes ces questions sont garantes d'une réelle prise de conscience du rôle que chacun a joué dans le travail de groupe, sur les difficultés de l'échange et sur la nécessité de modifier certains comportements nuisibles au bon fonctionnement du groupe. Ces observations serviront pour les prochaines séances. Pourquoi alors ne pas valoriser par une note de comportement un élève qui aurait su pallier ses défauts et en sanctionner un autre qui au contraire n'aurait fait aucun effort ?

> **BON À SAVOIR**
>
> Rien ne vous empêche de mettre en place de façon plus ou moins régulière ce type d'observation… Rien ne vous empêche non plus de faire construire une grille d'observation aux élèves. C'est même un excellent exercice de préparation à l'oral ou à la communication.
> Il est intéressant également de comparer les impressions subjectives laissées par l'expérience et les constats objectifs délivrés par les grilles d'observation. Cela permet de réfléchir sur leurs différences souvent criantes !

VEILLER À L'ÉQUILIBRE DES RÔLES

Les élèves peuvent assurer quatre fonctions principales dans un travail de groupe : la coordination, la prise de décision, la régulation et l'organisation matérielle.

La coordination

Différentes personnalités, différentes tâches à mener impliquent la nécessité d'une coordination efficace. La question du leader se pose alors.

- Sa présence peut arranger un certain nombre d'élèves qui se cachent derrière lui et préfèrent accepter leur soumission plutôt que de prendre des initiatives et des responsabilités. Cela peut mettre à mal l'objectif d'autonomie de ce type de travail. Si l'on retrouve avec cet élève leader la configuration du prof autoritaire face aux autres élèves soumis, alors c'est un échec.
- Un groupe dépourvu de toute structure tourne vite à l'anarchie et au désordre. La présence d'un élève plus dynamique et entreprenant peut aussi être intéressante pour le groupe. Encouragez donc ses initiatives sans hésiter à lui rappeler, s'il monopolise la parole, qu'il n'est pas seul et qu'il doit écouter les autres. Un tel élève peut être promu « animateur » de groupe : vous flattez son ego mais l'obligez à organiser le travail des autres pour le groupe ! Donnez-lui quelques tâches (faciliter les échanges/rappeler les consignes/faire des synthèses au fur et à mesure du travail/veiller à informer les absents…).

La prise de décision

Qui prend les décisions lorsqu'il y a des choix à faire ?

- Personne : un tirage au sort a lieu s'il n'y a pas de raisons objectives de faire tel ou tel choix. Cela garantit une certaine neutralité et évite de froisser les susceptibilités ! Le rôle de « décideur » n'est donc laissé à aucun membre en particulier, mais tous peuvent émettre des suggestions.

- Un membre à qui les autres confient la responsabilité de décider après avoir débattu.
- Tous les membres en votant à la majorité ou en cherchant un compromis qui convienne à chacun d'eux.

> **BON À SAVOIR**
>
> Ce ne sont certes pas des élections nationales ni des référendums d'importance… mais veillez tout de même à ce qu'ils s'effectuent toujours dans la plus grande transparence et que les élèves ne soient pas soumis à des intimidations ou rapports de force qui priveraient le résultat d'une véritable représentativité du groupe !

La prise de décision est un élément très important dans le travail en groupe, car c'est à ce moment-là que la parole de chaque participant compte et qu'il doit se sentir appartenir au groupe : ce n'est jamais une décision personnelle mais toujours une décision collective qui doit être prise, quelle qu'elle soit.

La régulation

Même si la présence d'un leader est avérée et même s'il possède de grandes qualités d'animateur, il ne peut pas, malgré tout, gérer seul les dérapages éventuels de comportement. Pourquoi alors, ne pas désigner un ou plusieurs élèves dans chaque groupe pour jouer le(s) rôle(s) de régulateur(s) ? Il(s) serai(en)t là pour :

- apaiser les tensions. Quelque chose n'a pas fonctionné et il faut tout recommencer… C'est forcément la faute de quelqu'un ! Les rancœurs ressortent, les reproches infondés jaillissent. Il faut désamorcer les disputes, parfois en remettant en place les querelleurs. De même, pour faire face à la crise d'autorité de l'un, ou au refus d'écouter de l'autre, choisissez un élève capable de diplomatie et de patience ;
- ranimer un groupe gagné par la passivité, l'ennui ou la dispersion. Ce rôle consiste à recentrer le travail, à rappeler les consignes, à remotiver un camarade qui se désintéresserait du travail ;
- veiller au temps et au bruit : les élèves ont souvent tendance à oublier qu'ils ne sont pas seuls, et le volume sonore augmente vite au fil

du temps. Demandez à un élève de faire attention à cette dérive. De même, parfois emportés par le sujet ou perdus dans leurs recherches, les élèves oublient leur montre et un « monsieur temps » peut éviter des désagréments au moment de la cloche !

L'organisation matérielle

Enfin, en fonction des activités proposées, vous pouvez avoir besoin dans chaque groupe d'un responsable du matériel.
- Il est chargé d'amener le matériel nécessaire à chaque séance, de le ranger, de le nettoyer si besoin. Il peut jouer ce rôle parce qu'il a des compétences particulières (dans l'utilisation du matériel audio-visuel ou informatique par exemple).
- Dans le cadre d'un projet à long terme, il est nécessaire que le groupe désigne un « secrétaire » chargé du cahier de bord dans lequel sera synthétisé heure par heure l'état d'avancement du travail qui sera par conséquent archivé. Vous pouvez l'imposer à chaque élève, mais il semblerait qu'il soit plus efficace qu'un seul élève s'occupe de cet aspect.

Pensez à faire alterner les rôles pour éviter des « spécialisations » et pour responsabiliser tous les élèves à toutes les fonctions imposées par le travail en groupe. Apprenez-leur à allier souplesse et rigueur, liberté et respect des règles, réflexion et décision !

Si vous n'intervenez pas, c'est que les rôles sont bien répartis et que le groupe fonctionne correctement !

Voilà ! Tout le monde à son poste... et vous au vôtre d'arbitre et de surveillant ! Optimiser le travail de groupe c'est accorder toute son importance à la distribution de la parole et au partage des rôles. Hors la rigueur, point de salut !

Fiche 17

Constituer des groupes

Am-stram-gram, pic et pic et colégram...

> *Faire travailler ses élèves en groupe, c'est d'abord former des groupes... C'est souvent là que naît une angoisse légitime : le bon déroulement du projet repose en partie sur une bonne alchimie entre les élèves... Qui mettre avec qui ? Qui peut faire quoi ? Combien d'élèves pour un groupe idéal ? Bref, vous voulez vous lancer et ne pas voir l'expérience se transformer en combat de boxe ou en réunion léthargique : voici quelques pistes de réflexion...*

QUI CONSTITUE LES GROUPES ?

Le proverbe affirmant que le hasard fait bien les choses est souvent mis à mal par les faits ! Les élèves sont en situation d'apprentissage et l'aspect ludique qu'on peut parfois donner à l'enseignement est toujours calculé. Le travail en groupe n'échappe pas à la règle, et même si vous accordez plus de liberté aux élèves, vous êtes le garant de son bon fonctionnement. Aussi, sans paraître trop autoritaire, comment vous y prendre pour constituer les groupes ?

Le hasard « aidé »

La constitution aléatoire des groupes peut utiliser les ressources spatiales de la salle (rangée/lignes..), la liste alphabétique des élèves (en choisissant des modalités différentes à chaque fois) ou même un tirage au sort. Les groupes de proximité, par exemple, ont l'avantage d'être rapidement fonctionnels et n'occasionnent pas de déménagements bruyants.

La constitution aléatoire offre plus de possibilités de rencontres, car elle permet des échanges entre des élèves qui ne se parlent pas d'ordinaire. Elle peut même présenter l'avantage d'intégrer sans contestation possible les élèves qui sont en marge de la classe, voire exclus... Mais attention, elle peut aussi entraîner des antipathies nuisibles au travail.

Les élèves

Les élèves peuvent constituer leur propre groupe selon deux critères principaux :
- les sentiments qui les lient (ou les séparent !) : les amis se regroupent spontanément. Il y a, dans ce cas-là, le risque de passer d'un travail sérieux à des discussions totalement hors sujet comme le programme du week-end : intervenez si vous craignez ce type de dérapage, et séparez copains et copines !
- les affinités de travail : un élève peut chercher à réunir autour de lui d'autres élèves désireux de partager le même thème d'étude, les mêmes méthodes expérimentales, l'utilisation d'un même moyen d'expression...

Mettre en valeur les qualités ou les goûts d'un élève trop timide pour les affirmer aide parfois à former des groupes qui seront plus efficaces.

Le prof

Vous pouvez décider de constituer vous-même les groupes selon :
- le niveau scolaire : groupes de niveaux homogènes pour remédier à des difficultés similaires ou pour faire progresser plus vite les bons élèves/groupes de niveaux hétérogènes pour mettre en place un système de monitorat afin que les meilleurs élèves aident les plus faibles, ou pour former des groupes d'égale force. Vous pouvez effectuer des tests pour établir ces groupes de niveaux ou utiliser les résultats déjà existants.

> **BON À SAVOIR**
>
> Un groupe n'est pas une prison ni une structure figée. Les relations entre les élèves peuvent évoluer et parfois vous êtes amené à intervenir pour rééquilibrer le groupe ou faire évoluer les élèves d'un groupe de niveau à l'autre selon les progrès ou les difficultés. Un minimum de souplesse évite que des élèves ne se braquent définitivement et ne refusent en bloc tout travail de ce type.
>
> Vous pouvez également opérer des réunions de groupes dont les fonctions complémentaires nécessitent à un moment donné qu'ils soient rassemblés (▶ fiche 19).

- les liens affectifs des élèves en vous inspirant des tests sociométriques de Moreno, qui consistent à discerner la structure latente d'un groupe en posant une série de questions à chaque élève (▶ « En pratique » p. 108) :
  - avec qui il souhaiterait faire équipe (limiter à trois noms),
  - par qui il pense avoir été choisi,
  - avec qui il ne voudrait pas travailler,
  - par qui il pense avoir été rejeté.

> **BON À SAVOIR**
>
> Ces tests permettent de repérer les élèves populaires ou au contraire mis à l'écart, les groupes déjà constitués, les rivalités…. Ils permettent également aux élèves d'exprimer des relations affectives, mais aussi de prendre en considération des compétences qu'ils désirent partager.

- d'autres critères comme l'âge, le sexe, les méthodes de travail (élèves visuels/auditifs), les capacités d'autonomie, les options, le cursus scolaire…

> **EN PRATIQUE**
>
> Vous pouvez pour visualiser ces tests les inscrire dans un tableau à double entrée et utiliser un code : + pour les élèves choisis, – pour les rejets, () si les choix sont réciproques et enfin (()) si cette réciprocité est prévue.
>
> | | J.-Michel | Serge | J.-Marc | Laurent | Samir | Patrick | Bruno | Isabelle | Olivier |
> |----------|-----------|-------|---------|---------|-------|---------|-------|----------|---------|
> | J.-Michel | | ((+)) | ((+)) | ((+)) | | | | ((−)) | |
> | Serge | ((+)) | | ((+)) | ((+)) | | | | − | |
> | J.-Marc | ((+)) | ((+)) | | ((+)) | | | | | |
> | Laurent | ((+)) | ((+)) | ((+)) | | | | ((+)) | | − |
> | Samir | | | | | | | ((+)) | | |
> | Patrick | | + | | + | | | + | | (−) |
> | Bruno | | + | | + | ((+)) | | | | − |
> | Isabelle | (−) | | | | | | | | |
> | Olivier | | | | | (−) | | | | |
>
> Source : Barlow, *Le travail des élèves en groupe*, Bordas, 2004.
>
> Les quatre premiers garçons constituent un groupe uni : ils se sont choisis mutuellement. Le groupe des trois autres est moins net (choix non réciproque) mais existe avec Bruno comme noyau. Quant à Isabelle et Olivier il faudrait jouer de votre rôle d'arbitre pour les intégrer !

BON À SAVOIR

Le groupe de travail idéal semble se situer entre trois et cinq élèves. En effet, il faut que tous les membres puissent jouer un rôle et être valorisés et que les moments de discussion et de synthèse ne soient pas trop longs. Mais il convient aussi que le nombre de participants soit suffisant pour qu'il y ait une diversité d'opinions indispensable pour certains travaux d'analyse ou de recherche.

QUELS GROUPES ?

Il existe de multiples possibilités de regrouper les élèves, en fonction du temps imparti, des besoins, de l'objectif poursuivi.

Les groupes de hasard

Ils sont constitués rapidement lors d'une séance pour des activités courtes et en relation directe avec le cours. Il peut s'agir d'exercices d'application, de petites recherches, d'une rapide expérience…
Vous pouvez alors faire travailler les élèves en binôme car le temps offert est souvent court et la difficulté modérée. N'hésitez pas à le proposer si vous sentez que cela peut débloquer une situation, stimuler les élèves en panne, ou au contraire canaliser des énergies négatives.

Les groupes de besoin

Ils sont formés en fonction de besoins que vous repérez lors du travail en classe ou lors des devoirs et disparaissent avec la satisfaction de ces besoins. Ils permettent :
- de différencier le travail en mettant en place des groupes de niveau et ainsi corriger des erreurs, réexpliquer des notions non comprises ou au contraire en approfondir. Ils ont comme avantage de répondre à des besoins individualisés. Vous pouvez proposer une version réduite ou adaptée pour le groupe le plus faible, donner un questionnaire avec des questions ouvertes pour les uns, fermées pour les autres, privilégier la compréhension littérale pour les élèves en difficulté et l'analyse pour les meilleurs, donner un problème avec des pistes de résolution ou pas…
- de mettre en place un système de tutorat. En effet, dans chaque groupe, un élève devient « enseignant » et fait partager ses compétences à ses camarades. Il les aide à repérer leurs erreurs et leur donne avec ses mots les explications nécessaires. Ce type d'échange est bénéfique à la fois aux élèves en difficulté et à celui qui les soutient car cela lui permet de reformuler ses connaissances, de les organiser et de mieux en saisir les enjeux.

Le tutorat peut être mis en place sur de longues durées et développera ainsi de vrais réseaux d'entraide.

> *C'était en 1998 et j'avais une seconde exceptionnelle ! Des résultats extrêmement faibles pour une partie de la classe, qui manifestait dès le début une forte volonté de progresser, et des résultats extrêmement bons pour l'autre partie, toute prête à aider les camarades en difficulté... une classe scindée en deux mais un état d'esprit favorable pour mettre en place un travail de tutorat ! L'heure d'aide individualisée, durant laquelle on accueille maximum huit élèves en difficulté, m'a semblé le moment le plus propice pour mettre en place le projet. Il ne fallait pas stigmatiser les "mauvais", ni trop flatter les "bons" mais faire en sorte que chacun se trouve valorisé et responsabilisé. Il ne fallait pas non plus que les heures imposées pèsent trop à ceux qui voulaient bien aider leurs camarades en difficulté. Je me demandais si je devais constituer moi-même les groupes de travail ou si je leur proposais de s'associer librement... Bref, tout a commencé un mardi matin à 8 heures : correction d'un petit problème. Certains avaient réussi, d'autres non, mais tous baillaient et n'avaient pas l'air très motivés ! Je m'énerve un peu et leur demande de se regrouper par trois ou quatre pour proposer une correction commune avec comme seule consigne qu'un élève au hasard passera au tableau mais que tous auront la même note. Les plus faibles s'agitent et cherchent de l'aide. Finalement, en 5 minutes, des groupes sont constitués (ils commencent à se connaître !) et je vois alors médusé se mettre en place un fonctionnement nouveau : ceux qui ont réussi l'exercice s'échinent tant qu'ils peuvent à expliquer l'exercice à ceux qui n'y sont pas parvenus ; les questions fusent, les agacements, aussi mais au bout de quelques minutes le calme revient et tous s'entraînent pour leur passage au tableau !*
> *Par la suite, les groupes ont varié en fonction des disponibilités et des envies mais le principe était acquis et toutes les semaines les élèves nécessitant de l'aide avaient à leur disposition un ou deux coachs motivés ! Je n'ai jamais vu progresser des élèves aussi vite que cette année-là ! Les heures d'aide individualisée étaient devenues le symbole d'une coopération réussie. J'étais présent, affinais les explications, réglais parfois quelques problèmes relationnels, mais tous trouvaient dans cette expérience une source de satisfaction. Les "Charles m'a super bien expliqué", "en fait je me suis rendu compte en expliquant à Marielle que je n'avais pas bien compris..." ont scandé l'année ! »*

Christian, professeur de mathématiques en lycée.

Les groupes de projet

Ces groupes permettent pendant une période définie d'organiser un travail de recherche (bibliographie/regroupement des informations/synthèse) ou un travail de création (maquette/panneau/réalisation artistique/programmation). Vous pouvez les inscrire dans la séquence pour constituer l'ossature du cours ou en faire une illustration.

Les TPE (travaux personnels encadrés) – en Première – mettent en place un travail de groupe (de quatre élèves maximum) sur plusieurs semaines, durant lesquelles ils répondent à une problématique qu'ils ont choisie et qui s'intègre dans une des thématiques proposées par les instructions en fonction des séries. Ce travail autonome sans relation avec un quelconque cours est encadré par des enseignants différents.

Les groupes permanents (interdisciplinaires ou non)

Ce type de groupe propose une structure stable mise en place rapidement après la rentrée et qui partage tout au long de l'année des projets dans différentes matières. Demandez aux élèves de se munir d'un cahier de bord sur lequel sont inscrits les noms de tous les membres et leurs coordonnées et qui garde une trace de toutes les activités menées. Veillez, lors de la constitution des groupes, à ce que les élèves puissent facilement se voir hors de la classe (régime : externe, interne, demi-pensionnaire/lieu d'habitation/transports…).

Un brin de chance, une pincée de hasard, beaucoup de perspicacité… et le tour est joué ! Les élèves sont mixés, la mayonnaise prend ; le travail en groupe est commencé… mais gare au lait qui bout ou au soufflé qui retombe… Adaptez toujours la recette aux ingrédients !

Fiche 18

Les rôles du prof
La tac-tac-tactique du gendarme

Vous êtes persuadé du bien-fondé du travail de groupe pour les élèves, mais vous vous demandez à quoi vous allez bien pouvoir servir! Pas de panique... Vous restez indispensable: vous n'êtes pas seulement l'observateur attentif, vous allez également guider, réguler, arbitrer parfois, bref jouer le chef d'orchestre discret mais efficace!

AVANT D'«ABANDONNER» LES ÉLÈVES...

Faire travailler ses élèves en groupe nécessite une organisation préalable. Pour qu'ils puissent conquérir leur autonomie, il faut veiller à ce que les conditions favorables soient réunies. Connaître ses élèves permet notamment de pouvoir intervenir dans la constitution des groupes. Aussi est-il prudent, pour certains travaux, de former des groupes qui ont toutes les chances de bien fonctionner (▶ fiches 16 et 17).

Des conditions de travail favorables

Vérifiez que les connaissances ou les méthodes pour réaliser l'activité proposée sont acquises. Quel sens donner à une recherche (en histoire) sur les conséquences de la Révolution dans la société française si elle n'a pas été racontée et expliquée en classe? Utiliser l'informatique peut être maladroit si les élèves n'en ont pas les compétences (à moins que ce ne soit l'objectif visé!). Une visite préalable du CDI peut leur permettre de se familiariser avec les outils documentaires qui seront utilisés pendant le travail de groupe. De même, avoir utilisé en classe le matériel nécessaire à une recherche en physique peut éviter des catastrophes !

N'hésitez pas à proposer une préparation à la maison – ou en classe – pour que les élèves fassent des révisions et se confrontent à la tâche avant l'échange (▶ fiche 19).

Préoccupez-vous des « détails » matériels : ils sont loin d'être anecdotiques !

- Choisissez bien la salle : il faut pouvoir déplacer les tables sans trop de difficultés et circuler d'un groupe à l'autre facilement. Excepté pour les travaux de très courte durée à deux ou trois élèves, qui ne nécessitent alors pas d'aménagement particulier de l'espace, vous aurez besoin de modifier l'agencement de la salle pour que les groupes puissent travailler efficacement (tous les élèves doivent se voir par exemple !).

> **BON À SAVOIR**
> Le bruit généré par les discussions des autres groupes peut nuire à la concentration de certains. Une bonne distance entre les groupes est nécessaire pour que les échanges se fassent dans de bonnes conditions.
> Attention toutefois que le déménagement se déroule dans le calme afin de ne pas trop déranger les cours dans les salles voisines. Donnez des consignes claires pour éviter une perte de temps et trop de bruit.
> Des tables regroupées deux à deux, perpendiculairement à l'estrade, permettent à chaque élève de voir le tableau si besoin, tout en étant tourné vers les membres de son groupe.

- Vérifier la disponibilité des « outils » indispensables : si vous utilisez des postes informatiques, assurez-vous que la salle est bien libre – inscrivez-vous sur le cahier de réservation si besoin –, prévoyez suffisamment de documents (dictionnaires, manuels…), ainsi que de produits en sciences (physique, SVT…), et tout le nécessaire pour réaliser une affiche par exemple (panneaux, colle…)

Pour ne pas perdre de temps, il est prudent de veiller à ces « détails » avant la mise en route, et de désigner par exemple un responsable du matériel dans chaque groupe, si le travail s'effectue sur plusieurs séances. Il pourra éviter les oublis, pertes ou dégradations qui pénalisent tout le monde !

Donner des consignes précises

Pour que les élèves soient autonomes, il faut qu'ils sachent avec précision ce qu'ils ont à faire : donnez-leur une fiche sur laquelle seront récapitulés tous les aspects du projet : les objectifs, le découpage du temps (dans la séance et la séquence), les conditions dans lesquelles va être effectué le travail : lieux, ressources et supports…

Vous pouvez aussi leur proposer des outils d'auto-évaluation (critères de réussite sous forme de tableau à cocher ou de questionnaire, par exemple) et les informer de l'évaluation : acteurs, codes, modalités (▶ fiche 20).

Quant aux consignes proprement dites, elles doivent être comprises sans votre aide et comporter des énoncés clairs, univoques et utilisant des verbes les plus concrets possible : *relevez, mesurez, rédigez, argumentez, comparez, calculez…* plutôt que *appréciez, que pensez-vous de…* Pourquoi ne pas proposer aussi des consignes de savoir-vivre : savoir s'écouter/ne pas se couper la parole/employer un ton calme/accepter la contradiction… ?

Veillez enfin à ce que tous se sentent concernés : attirez l'attention des élèves sur la nécessité d'un rapporteur (désigné ou non à l'avance) et le partage des rôles (▶ fiche 16).

> **BON À SAVOIR**
>
> Lorsque le travail proposé occupe plusieurs séances, vous pouvez rapidement rappeler avant le début de la nouvelle séance ce qui a été fait précédemment pour remettre le projet en route. Évitez en effet au maximum les interventions face à la classe entière, car cela casse la dynamique des groupes.

PENDANT LE TRAVAIL DE GROUPE

C'est parti : le travail a commencé... Vous allez désormais vous faire plus discret et essayer, autant que faire se peut, d'oublier la classique position magistrale face à la classe. Différents rôles s'offrent à vous, que vous allez devoir assumer simultanément.

Observer

- Les relations dans le groupe : y a-t-il un leader ? Tous les élèves sont-ils sur un pied d'égalité ? Y a-t-il risque de conflits ?....
- La participation au travail : les élèves sont-ils concentrés ? Se sentent-ils tous concernés ? Y a-t-il des bavardages inutiles ? Le groupe travaille-t-il vite ?....
- L'organisation du travail : les élèves utilisent-ils les supports proposés ? Se sont-ils réparti le travail ? Se déplacent-ils ? Se réfèrent-ils régulièrement aux consignes ? Demandent-ils de l'aide ?....
- Les prises de décisions : est-ce que tous participent ? Les décisions sont-elles libres de toute pression ? Le groupe a-t-il mis en place des modalités particulières de décision ?

La question de l'observation pose aussi celle de votre situation : resterez-vous à l'écart à observer de loin ? Circulerez-vous pour voir de plus près le fonctionnement de chacun ? Alternerez-vous les positions ? À ces questions, point de réponses systématiques, mais juste le conseil suivant : évitez de gêner les élèves dans leur travail, mais restez assez présent pour qu'ils ne se croient pas au café ou à la cour de récréation !

> **BON À SAVOIR**
>
> Laissez-vous guider par votre curiosité et par la nécessité de savoir si ce que vous observez correspond à ce que vous attendiez ! L'observation permet de pallier les difficultés rencontrées par les élèves et donc d'améliorer le travail en étant conscient des réussites et des échecs.

Arbitrer et contrôler

C'est à vous de rééquilibrer la répartition des tâches et de la parole si vous observez une trop grande disparité entre les élèves du groupe. Il ne faut pas attendre les règlements de compte entre élèves à la fin du travail pour intervenir ; mieux vaut le faire rapidement pour que chacun puisse s'épanouir. Même si vous avez fait attention lors de la constitution des groupes (▶ fiche 17), des conflits peuvent toujours naître. S'ils ne se règlent pas facilement, alors intervenez et, sans brusquer les élèves, aidez-les à les résoudre. Vous jouez là votre rôle de médiateur (▶ fiche 8) !

Vous pouvez également avoir à intervenir pour des problèmes de discipline : bruit, agitation, bavardages... Demandez aux élèves d'éviter les digressions, certes tentantes, mais contre-productives. Apprenez-leur à parler à voix basse car le niveau sonore est vite gênant – pour les autres groupes et même pour les classes voisines ! Rappelez-leur que si plusieurs élèves du groupe parlent en même temps cela risque d'entraîner des difficultés pour se comprendre.

Le temps passe souvent trop vite, et il est prudent d'en avertir les élèves régulièrement (« *Il ne reste plus que 5 minutes/pensez à remplir votre journal de bord avant que cela ne sonne...* »). À l'inverse, un groupe peut avancer plus vite : ayez toujours sous le coude quelques activités complémentaires !

Même si vous n'avez a priori que le rôle d'arbitre dans cette partie, vous n'en restez pas moins le maître du jeu ; n'hésitez donc pas à censurer si les voies prises par le groupe risquent de le mener à une impasse !

Aider

Si un groupe ne parvient pas à démarrer, vous pouvez jouer au sauveur ! N'attendez pas trop longtemps avant d'intervenir pour ne pas apporter une aide injustement importante par rapport aux autres groupes. De même, si un groupe vous sollicite, vous pouvez également être une « personne-ressource » sans pour autant faire le travail. Les informations apportées peuvent parfois être mises au profit des autres groupes pour éviter de vous répéter. Mais cela dépend de ce que vous attendez.

En effet, si l'autonomie est un critère d'évaluation important, alors les sollicitations constitueront des pénalités…

Vous pouvez également stimuler les élèves pour qu'ils aillent plus loin dans leur réflexion, qu'ils développent leur sens critique et qu'ils s'interrogent en permanence sur leurs propres choix.

Dans tous les cas, pour répondre efficacement aux besoins, mieux vaut avoir anticipé les réactions, les problèmes et les incompréhensions. Même si tout ne peut avoir été pensé, prévoyez des pistes, des exemples, des arguments qui vous permettront d'être plus efficace dans l'aide apportée.

Confrontée à l'inertie des élèves lors d'une séquence sur le théâtre (étude de Dom Juan de Molière), j'ai voulu les faire travailler par groupes de cinq pour qu'ils écrivent et jouent une scène, celle de l'arrivée de Dom Juan aux enfers face à ses victimes (Sganarelle, Done Elvire, le pauvre et Dom Louis). Le début a été laborieux, il fallait que je les sollicite sans cesse pour qu'ils choisissent leur personnage et qu'ils retrouvent les passages auxquels ils allaient faire allusion. Après ce moment difficile, je me suis peu à peu faite plus discrète car les élèves s'étaient plongés dans l'écriture de la scène. Ils m'ont sollicitée pour des problèmes de vocabulaire, je suis intervenue parfois lorsque j'entendais des répliques qui ne me semblaient pas adaptées ou lorsqu'un groupe me demandait mon avis sur la cohérence des attitudes de leurs personnages. L'expérience avait mal commencé, elle finissait heureusement très bien avec des productions "moliéresques"!

Une seconde expérience fut plus satisfaisante au départ : par groupes de trois, ils devaient mettre en scène un débat télévisé avec le présentateur et deux invités, l'un partisan de l'interdiction de fumer dans les lieux publics, l'autre non. Ils ont constitué leurs groupes avec entrain, se sont mis à la recherche d'arguments, mais ont hélas très vite oublié qu'il s'agissait d'un exercice et cela a viré aux règlements de comptes personnels. J'ai dû intervenir à plusieurs reprises pour leur rappeler l'objet du travail et même séparer certains élèves! Pendant quelques minutes, je leur ai demandé de réfléchir seuls aux arguments pour et contre et aux questions que pourrait poser le présentateur avant de reformer les groupes. Le passage au travail individuel a permis de revenir plus efficacement au travail de groupe.»

Emmanuelle, professeur de lettres
dans l'enseignement privé sous contrat.

Lorsque le groupe n'est qu'une étape dans le travail mené, vous jouez un rôle important lors de la mise en commun des recherches ou productions. Vous êtes alors l'animateur des échanges, celui qui recherche le consensus et enfin le garant des résultats obtenus. Les élèves doivent savoir si le résultat de leur travail est correct. Les fiches 19 et 20 apportent des précisions sur ces aspects-là.

Qui ose dire que les profs qui choisissent de proposer aux élèves des travaux en groupe ne le font que pour être tranquilles et pour profiter d'un peu de temps ? Vous l'avez compris, faire travailler ses élèves en groupe n'est pas de tout repos ! Mais si vous avez en tête tous ces petits trucs, alors cela ne sera que du plaisir !

Fiche 19

Lier effort individuel et activité de groupe

Un pour tous... tous pour un

> *On ne décide pas un beau jour de regrouper les élèves par quatre ou cinq et de les lancer dans une activité... avant de reprendre le cours « normal » sans autre incidence que d'avoir proposé un petit changement dans les habitudes ! Le travail en groupe doit être l'introduction, l'aboutissement ou une partie d'une séquence que vous coordonnez. En effet, chaque élève doit avoir la possibilité d'acquérir les mêmes compétences ou les mêmes savoirs : proposez donc des moments de travail individuel, des échanges entre les groupes avant le grand retour en classe entière !*

LES MOMENTS D'AUTONOMIE

Préparer le travail de groupe...

Certains apprentissages individuels préalables sont nécessaires au bon fonctionnement du travail de groupe. Chaque élément du groupe doit être en mesure de collaborer. Un exemple simple : pour organiser des petits débats en anglais, demandez que chacun fasse une recherche de vocabulaire sur le thème du débat. Chacun pourra ainsi plus facilement participer !

Vous pouvez également demander aux élèves de lire – seuls dans un premier temps – le plan du cours sur lequel figurent clairement les objectifs et les consignes. Ils peuvent prendre des notes et en débattre ensuite avec leurs camarades. Tous sont alors immédiatement impliqués et peuvent ensuite se mettre d'accord sur ce qui est attendu. De plus, donner du temps aux élèves pour une réflexion individuelle, c'est donner la possibilité aux plus faibles ou aux plus lents de faire leurs hypothèses et de repérer leurs difficultés.

Enfin, vous pouvez imposer un temps de travail personnel (quelques minutes) pour réagir à la consigne commune afin que toutes les idées (mêmes contradictoires) soient notées et que les élèves puissent s'exprimer tout de suite. Le travail de groupe gagne alors en utilité en permettant aux élèves de voir la richesse de leurs camarades et de saisir leur complémentarité.

... et se l'approprier

Rien n'est pire que de s'apercevoir que les élèves n'ont finalement rien compris alors qu'ils donnaient l'impression contraire. Or c'est l'une des perversités du travail de groupe : chaque élément du groupe, parce qu'il participe avec pertinence sur un petit aspect, fait croire à la maîtrise totale de l'ensemble de l'apprentissage par l'ensemble du groupe.

Un moment de synthèse individuel est donc indispensable pour vérifier qu'il y a eu véritable acquisition par tous. Demandez-leur par exemple de reformuler une définition, de résumer une partie du travail, de finir une histoire commencée ensemble, de rédiger la conclusion de l'expérience, autant d'exercices qui montrent s'ils ont assimilé ou non les notions ou les méthodes travaillées en groupe.

> **BON À SAVOIR**
>
> Certains élèves se livrent à une prise de notes acharnée, soucieux de ne rien oublier... mais oublient alors de participer ! Ils entendent, écrivent mais n'écoutent pas vraiment... donc ils ne comprennent pas toujours ce qu'ils notent ! Pour pallier ce problème sans interdire tyranniquement la frénésie des stylos, vous pouvez leur faire travailler la prise de notes pour les aider à faire plusieurs tâches en même temps ! Cela vous évitera de vrais moments de solitude face à un auditoire penché sur sa feuille !

RENCONTRES INTERGROUPES

La communication entre les groupes

Vous pouvez organiser des échanges entre les groupes pendant le travail. Cela présente l'avantage d'intéresser les élèves aux travaux des autres équipes, ce qui les stimule et les confronte à d'autres points de vue, d'autres cheminements. Ils peuvent ainsi situer l'avancement de leur travail dans le temps par rapport aux autres groupes.

Ces échanges peuvent se faire sans passer par le groupe classe et nécessitent que soient établis des rôles précis dans les groupes :
- un secrétaire chargé d'être le pivot et d'informer les élèves des autres groupes de l'avancement des recherches ou des arguments trouvés dans le cadre d'un débat ;
- un messager, dont le rôle est d'aller s'enquérir de ce qui a été fait dans les autres groupes. Il peut poser des questions sur les différents aspects du projet (avancée du travail, difficultés, solutions…)

À vous d'organiser les mouvements des élèves (durée, sens de circulation) pour que chaque groupe puisse avoir des liens avec tous les autres.

Cette communication peut se faire aussi grâce à des porte-parole qui présentent, à tour de rôle, un état des lieux à tous les autres groupes en même temps. Cela permet de gagner du temps par rapport à la procédure précédente mais propose une série d'exposés plus qu'une véritable interaction entre les groupes.

La constitution de nouveaux groupes

Vous pouvez également réunir les groupes deux par deux afin de faire un premier échange. Vous leur demanderez simplement de discuter pour échanger les informations ou montrer les réalisations, ou, dans le cadre d'un travail similaire, vous exigerez qu'ils parviennent à une synthèse commune.

Cet exercice est d'autant plus intéressant qu'il fait se rencontrer véritablement les groupes et non uniquement les individus. En effet, les élèves se sentent membres de leur groupe d'origine et sont alors prêts à défendre ce qui a été décidé, trouvé ou réalisé (alors qu'il pouvait y avoir des divergences de points de vue individuels pendant le travail dans le groupe). Mais cela les oblige aussi à enrichir leur travail, à mutualiser les acquis, à faire des concessions ou à reconnaître leurs erreurs collectives.

Si la constitution de nouveaux groupes peut s'avérer utile et intéressante, il n'en demeure pas moins qu'il est de plus en plus difficile de travailler efficacement quand le groupe augmente en taille. Il est donc judicieux de leur conseiller de penser aux rôles que certains auront à jouer : secrétaire, coordinateur, animateur… pour que les regroupements soient constructifs.

Pour apprendre à mes élèves à faire une dissertation en philosophie, je donne un sujet à la classe entière. Après l'analyse commune de ce sujet, je propose de faire des groupes de cinq élèves. Dans un premier temps, je laisse les élèves libres de s'associer avec qui ils souhaitent et je leur demande de chercher quatre idées qui répondent au sujet.
Vient ensuite un temps de mise en commun de leurs réponses. Grâce au travail de groupe, les idées trouvées sont nombreuses et elles sont toutes notées au tableau.
Le deuxième travail des groupes est d'organiser ces idées sous la forme d'un plan. Un deuxième temps de synthèse commune est organisé pour évaluer les plans des différents groupes et garder le meilleur. Il arrive que des groupes n'aient qu'une seule bonne partie, et que la mise en commun permettent à tous de profiter des bonnes idées des autres.
Ensuite, à l'intérieur des groupes, je demande que chaque élève choisisse la partie dont il sera responsable : introduction, première ou troisième partie… Il y a là un temps de travail personnel, puisque chacun réfléchit à l'organisation de son fragment du travail commun.
Puis, je constitue des groupes de "spécialistes" en rassemblant les élèves ayant choisi la deuxième partie ou la conclusion… Ces élèves doivent confronter leur travail personnel pour bénéficier des idées et trouvailles de leurs camarades.
Enfin, ils réintègrent tous leur groupe d'origine de manière à mettre en commun toutes les informations trouvées, car ils doivent, individuellement, rédiger le plan qu'ils ont mis au point en groupe. Cette manière

de procéder a ma faveur car elle permet de gagner beaucoup de temps et à tous de s'enrichir des connaissances des autres.»

Guillaume, professeur de philosophie en terminale
et en CPGE (classes préparatoires aux grandes écoles).

RETOUR À LA CASE... CLASSE

Les modalités du regroupement

Le retour au groupe classe peut prendre différentes formes, mais doit absolument éviter – sous peine de chahut incontrôlable – d'être perçu comme répétitif ou rébarbatif, et d'engendrer des frustrations. Tous les groupes doivent exprimer leur avis ou montrer leur réalisation.

Rien de plus terrible que de voir les élèves en train de bavarder lors de la présentation du travail d'un groupe... Toutes les valeurs d'écoute, de partage, de tolérance induites par ce type de pratique disparaîtraient au moment de la synthèse! La réunion des efforts est donc à reconstruire à chaque fois et ses modalités doivent être adaptées à la tâche demandée:

- dialogue de tous les membres des groupes ou de délégués (qui peuvent varier régulièrement pour que tous s'expriment sans que ce soit une véritable cacophonie);
- exposés du type «cinq minutes pour convaincre», suivis ou non de questions;
- exposés successifs devant prendre en compte (pour éviter les répétitions notamment, pour compléter, critiquer) ce qui a été dit avant;
- consultation d'expositions ou de synthèses écrites proposées par chaque groupe, suivie d'une discussion;
- présentations à l'aide de transparents ou du vidéo projecteur;
- présentations écrites simultanées au tableau puis discussion...

> **BON À SAVOIR**
>
> Il existe parmi les élèves des auditifs et des visuels. Aussi, variez les modes de présentations pour permettre à tous les élèves de pouvoir suivre confortablement la synthèse. Vous pouvez organiser des regroupements en classe entière à n'importe quel stade du travail, et proposer de telles présentations pour faire des synthèses intermédiaires, en fonction des besoins des élèves.

Les contenus de la synthèse

La synthèse peut concerner :
- les connaissances qui se complètent : faire étudier un mouvement littéraire en français sous différents angles selon les groupes (peinture, littérature, musique…), puis regrouper tous les aspects pour en garder une représentation aussi complète que possible ;
- la comparaison de démarches différentes pour un même résultat (en sciences) : recherche de rapidité, d'efficacité ;
- l'élaboration d'une liste des points positifs et négatifs de l'expérience en vue d'améliorer le travail en groupe.

Le dernier mot du chef

Comme nous l'avons vu (▶ fiche 18), vous êtes indispensable lors du travail en groupe pour aider, surveiller, orchestrer. Vous l'êtes d'autant plus durant la dernière étape que vous êtes le garant de ce qui est présenté. C'est vous qui validez les informations, les complétez, les corrigez si besoin.

Vous pouvez effectuer cette vérification soit après l'intervention des élèves, soit après avoir pris le temps de regarder tout ce qui a été fait et donné une correction. Distribuez, pour gagner du temps, une fiche bilan.

> **EN PRATIQUE**
>
> ### EXEMPLE DE FICHE BILAN
>
> Un des objets d'étude de la classe de seconde en lettres est celle d'un mouvement littéraire et culturel. L'étude du romantisme a fait l'objet d'une séquence préalablement préparée par un travail de recherche en groupe au CDI. Voici le contenu d'une fiche bilan distribuée à la suite de cette préparation (2 h) et des exposés des différents groupes (2 h).
>
> 1. Synthèse des définitions du terme « romantisme » (trouvées dans les différents dictionnaires du CDI par chaque groupe et discutées ensuite ensemble).
>
> 2. Résumé de l'histoire du mouvement et courtes biographies : un groupe était chargé de cet aspect et avait pour consigne de trouver notamment des auteurs français et européens. Le résumé a repris l'essentiel de leur exposé.
>
> 3. Synthèse des caractéristiques principales de la peinture romantique, accompagnée de deux tableaux : un groupe a présenté une galerie de tableaux et après leur présentation les autres élèves de la classe sont intervenus pour faire leurs remarques et enrichir l'exposé.
>
> 4. Synthèse des caractéristiques de la musique romantique : un groupe (des élèves musiciens !) a écouté plusieurs extraits, fait des recherches sur les auteurs puis présenté leurs conclusions aux autres, en ayant fait un choix de courts morceaux.
>
> 5. Synthèse sous forme de tableau mettant en valeur les genres et les thèmes présents dans les œuvres littéraires romantiques : chaque groupe avait à faire l'analyse rapide de cinq textes différents (retranscription par l'enseignant dans un tableau des informations apportées).

Outre la présentation, voire la correction apportée aux différents travaux, le retour en classe entière permet la reprise de notions antérieures non acquises ou la consolidation et le dépassement de notions abordées durant le travail en groupe.

Voilà, ce n'était finalement pas mission impossible : chacun a contribué — au sein du groupe ou individuellement — à promouvoir un apprentissage différent, mais toujours lié à la structure classe. Les élèves partagent leurs connaissances et savoir-faire, en découvrent d'autres ensemble et se les approprient individuellement... que demander de mieux ?

Fiche 20

Évaluer le travail de groupe
Pour le meilleur et pour le pire...

Autant il est « assez simple » de se retrouver devant une copie ou l'exposé d'un élève muni d'un barème précis, autant il devient difficile d'évaluer le travail d'un groupe, et plus encore le travail de chacun des membres du groupe. Mais vous, « super... prof » êtes bien sûr muni de l'incroyable pouvoir de distinguer dans un ensemble confus le fruit du travail de chacun... En effet, des modalités d'évaluation existent et vous permettront de réussir ce défi héroïque !

QUI ÉVALUE ?

Le prof

Vous êtes le prof, vous faites le cours, vous évaluez. Voilà le schéma classique. Avec le travail en groupe, la configuration de l'apprentissage est modifiée, l'évaluation l'est donc aussi. Mais c'est à vous qu'incombe la globalité de l'évaluation. Vous garantissez une certaine justice car vous avez pu, par votre situation d'observateur, avoir une vue d'ensemble, percevoir le travail de chaque groupe et donc le comparer aux autres. De plus, vous avez, seul, l'expérience et les compétences pour juger de l'acquisition des connaissances ou des méthodes.

Cela ne doit pourtant pas vous empêcher d'associer à cette évaluation ses destinataires.

Le groupe

Même si vous êtes le garant d'une certaine objectivité, vous pouvez faire participer à l'évaluation les élèves concernés qui connaîtront mieux la part exacte apportée par chacun au travail demandé. De plus, la tâche ayant été réalisée collectivement, il paraît logique qu'une partie de l'évaluation soit faite par le groupe. Cela lui permet d'avoir un regard critique sur son activité et oblige ses membres à coopérer jusqu'au bout et à assumer ensemble les réussites et les échecs !

Les autres groupes

Vous pouvez demander aux groupes d'évaluer mutuellement leur travail (production/exposé oral…). Ce qui est intéressant dans ce cas est le regard totalement neuf porté sur l'objet de l'évaluation (les groupes travaillant chacun sur leur projet ne se préoccupent pas ou peu de ce que font les autres à côté). De plus, dans le cadre d'un travail similaire donné à l'ensemble des groupes, cela leur permet de comparer les cheminements utilisés pour y parvenir !

Les élèves

Enfin, vous pouvez associer les élèves individuellement à l'évaluation car, si chacun a contribué au travail du groupe, il ne l'a pas toujours fait avec la même motivation, n'a pas été confronté aux mêmes difficultés ni n'en a retiré le même gain… il n'a pas non plus le même regard sur les autres. Ainsi, le fait d'avoir le point de vue de chaque élève vous permet d'avoir un support de réflexion plus précis sur l'aventure.

Il n'y a pas de meilleure assurance pour une évaluation de qualité que de croiser les observations et les ressentis de chacun : plus il y a d'évaluateurs, plus on est juste. Vous pouvez également proposer plusieurs évaluations que vous pourrez pondérer dans une moyenne.

QU'ÉVALUE-T-ON ?

Le groupe et le produit de son travail

C'est d'abord au groupe que s'adresse l'évaluation puisque c'est lui qui a fait le travail. C'est en son nom qu'il est présenté et l'ensemble des membres en est responsable.

Ainsi, il existe deux types d'évaluation, l'une portant sur le fonctionnement du groupe, le climat de travail, l'autre portant sur le produit issu de ce travail.

- Pour la première (fonctionnement du groupe), vous pouvez proposer une évaluation collective du groupe par le groupe lui-même ou une évaluation du groupe par chacun des membres. (climat ? communication ? hiérarchie ? rythme ?...).
- Pour la seconde (produit du travail collectif), les objectifs ont théoriquement été donnés avant. Les élèves savent depuis le début ce que l'on attend d'eux : un exposé de cinq minutes, un diaporama ou une affiche comportant une chronologie, des images, du texte ou la solution rédigée et justifiée d'un problème, voire une fabrication d'objet, etc. Il existe donc une liste de critères précis qui permettent aux élèves d'évaluer avec objectivité.

L'élève et les compétences acquises

Même s'il semble nécessaire d'évaluer le groupe dans son ensemble, n'oubliez pas que l'objectif du travail est avant tout l'apprentissage de chacun. Vous avez plusieurs possibilités pour cette évaluation personnelle.

L'investissement pendant le travail peut donner lieu à une évaluation :
- gestion des moyens mis à sa disposition : temps/documents/outils/personnes ;
- climat du travail : relation avec ses camarades/responsabilités des différents rôles... ;
- cheminement : questions posées, difficultés résolues ou non, stratégies...

On voit ici que l'on peut coupler l'évaluation du groupe et celle de l'élève, donner une partie commune des points au groupe et une autre à chaque élève pour mettre en évidence la différence de mérite (ce qui est important pour ne pas faire d'injustice).

Les connaissances ou les méthodes acquises à la fin du travail ne peuvent être vérifiées que par un contrôle ou par la mise en pratique de telle aptitude par l'élève seul. L'apport des autres doit l'avoir aidé dans son apprentissage.

> **BON À SAVOIR**
>
> Vous pouvez évaluer des activités propres à certains élèves et qui ne seront pas forcément communes comme celle de rapporteur (capacité à communiquer : présence, audibilité, niveau de langue ; capacité à exposer : présentation du sujet, plan, articulations logiques, conclusion...). Il peut être désigné soit pendant, soit en fin de séance, ce qui obligerait tous les élèves à s'y préparer. Il peut être évalué par vous ou par ses camarades, et, dans la mesure où tous seront susceptibles un jour ou l'autre d'être dans cette situation, il y aura moins de risque de dérive affective.

LES MODALITÉS DE L'ÉVALUATION

Les moments pour évaluer

Trois temps d'évaluation se présentent à vous : avant, pendant et après ! Cela peut paraître évident ; pourtant nous n'utilisons souvent guère que la troisième solution.

Il est pourtant intéressant de proposer dans un premier temps une évaluation permettant de vérifier la préparation au travail. C'est l'évaluation diagnostic.

De plus, vous pouvez proposer une évaluation formative, c'est-à-dire en cours d'apprentissage. Elle est très proche de l'observation et concerne notamment l'investissement des élèves, le problème du partage des tâches, l'efficacité du travail... Une grille d'observation peut se transformer en grille de notation ! (▶ « En pratique » p. 133). Ce type d'évaluation peut aussi correspondre à de petits contrôles intermédiaires sur un travail de longue durée en fonction du calendrier donné au début.

Enfin, l'évaluation sommative peut être celle du produit fini, d'un devoir bilan (portant tant sur des connaissances que sur des méthodes) mais aussi le relevé de prises de notes lors de l'étape de restitution des connaissances au groupe classe, par exemple.

Les supports d'évaluation

Parce qu'évaluer n'est pas obligatoirement noter, mais plutôt déterminer les progrès d'un élève par rapport à un problème et repérer ses difficultés, vous avez à votre disposition trois supports possibles à utiliser ou à proposer aux élèves.

- L'inventaire de contrôle (aussi appelé « check-list ») permet aux élèves de repérer si les consignes ont été respectées ou si le travail s'est effectué dans de bonnes conditions. C'est une auto-évaluation efficace.

EN PRATIQUE

L'INVENTAIRE DE CONTRÔLE

Vous pouvez proposer des questions fermées (ex : questions 1 à 5) ou à choix multiples (ex : questions 6 à 8) mais aussi des questions ouvertes (ex : questions 9 et 10).
1. Le groupe a-t-il respecté les consignes ? Oui/Non
2. Les tâches ont-elles été réparties équitablement ? Oui/Non
3. Les rôles ont-ils tourné ? Oui/Non
4. Un responsable a-t-il été désigné ? Oui/Non
5. Les membres du groupe ont-ils suffisamment communiqué ? Oui/Non
6. Y a-t-il eu des conflits personnels ? Jamais/de temps en temps/sans cesse
7. Les débats ont-ils été courtois/tendus/inexistants ?
8. La tâche prévue a-t-elle été terminée ? Partiellement/totalement
9. Que vous a apporté le travail en groupe ?
10. Quelles ont été les difficultés du groupe ?

- L'appréciation avec les critères habituels « très insuffisant/insuffisant/médiocre/passable/assez bien/bien/très bien/excellent » peut s'appliquer à l'ensemble ou à des aspects précis du travail.

- Enfin, la « sacro-sainte » note mesure quantitativement le travail sur une échelle vous permettant de situer plus rapidement les groupes et les élèves les uns par rapport aux autres.

EN PRATIQUE

GRILLE D'ÉVALUATION DE TPE

Voici un exemple de grille d'évaluation de TPE dans laquelle vous retrouvez tous les éléments dont il a été question ci-dessus : les différents évaluateurs/les objets/les moments et les critères de l'évaluation.

1re partie : démarche individuelle et investissement du candidat au cours de l'élaboration du TPE (par les professeurs encadrants)/ 8 pts	Recherche documentaire / 2	Recherche de sources d'information et de documents en rapport avec le thème et le sujet. Traitement pertinent des informations (sélection et analyse).
	Démarche / 2	Adaptation de la démarche au sujet Tenue d'un carnet de bord. Planification du travail.
	Contenus disciplinaires / 2	Appropriation et croisement de connaissances et de compétences.
	Contribution au travail collectif/ 2	Esprit d'initiative et prise de responsabilité. Souci d'un travail d'équipe.
2e partie : réponse à la problématique : production finale et note synthétique (par les examinateurs)/ 6 pts	Production / 3	Pertinence de la production et de la forme choisie avec le sujet traité. Inventivité. Soin apporté au travail. Production achevée.
	Synthèse écrite / 3	Cohérence de la construction (plan et enchaînements). Qualité de l'expression (clarté, richesse du vocabulaire). Restitution de l'ensemble de la démarche.
3e partie : présentation orale du projet (par les examinateurs)/ 6 pts	Présentation argumentée / 4	Construction de l'exposé. Argumentation et justification des choix. Réactivité face aux questions. Richesse des connaissances mises en jeu.
	Expression orale / 2	– Qualité de l'expression orale (clarté, audibilité, richesse du vocabulaire). – Prise de distance par rapport aux notes écrites.

Source : académie de Limoges.

"Un homme averti en vaut deux"... à vous de communiquer aux élèves vos critères d'évaluation afin qu'ils puissent évaluer leur travail et s'améliorer. Mais ne rêvez pas, le temps n'est pas encore venu où ils emporteront vos paquets de copies chez eux pour vous faire gagner du temps !...

Partie 4
Monter un projet

Fiche 21

Monter un projet
(et motiver ses collègues !)

Tous ensemble, tous ensemble…

Les projets sont souvent le carburant des profs, qui « s'éclatent » dans un cadre périscolaire, pour la plus grande joie de leurs élèves. De nombreux établissements ont une chorale ou un ensemble instrumental dirigé par le prof de musique, des enseignants d'EPS proposent des activités variées et l'accès à des compétitions dans le cadre de l'UNSS… Il existe aussi des ateliers d'écriture, de dessin, de pratique théâtrale, d'initiation au cinéma ou à la vidéo… tout est possible – ou presque ! Dans tous les cas, les retombées de ces activités sont positives, y compris en termes de résultats scolaires. Avant de vous lancer, quelques points à vérifier…

LA SOLIDITÉ DE L'ENTREPRISE

Au risque d'enfoncer une porte ouverte, rappelons que tout projet doit répondre à une attente des élèves. La première chose à faire est peut-être une estimation du nombre de participants potentiels, sachant que de nombreux élèves se déclarent intéressés lors des sondages mais ne fréquenteront finalement pas l'activité. C'est vrai surtout pour les projets qui nécessitent de revenir dans l'établissement à des moments où il n'y a pas de cours, pas de transports collectifs – ou pas de copains !

De même, il vaut mieux prendre plaisir à l'activité que vous proposez et vous lancer dans quelque chose que vous connaissez bien. En effet, il faut tenir la distance, et l'enthousiasme du début peut faire place à l'amertume si la passion n'est pas au rendez-vous…

Du point de vue pédagogique et administratif

La conformité du projet avec le projet d'établissement sera discutée avec le chef d'établissement ou son adjoint, qui doivent donner leur accord.

L'avis de l'IA-IPR de la (ou des) discipline(s) concernée(s) est à prendre en compte ; il n'est pas inutile de s'interroger sur la manière dont le projet peut compléter ou accompagner certaines exigences des programmes et instructions officielles. C'est le cas des voyages de classe qui peuvent s'inscrire dans un objectif disciplinaire, comme la visite d'un site historique en relation avec un travail mené en classe, ou les voyages linguistiques à l'étranger.

Du point de vue financier

Il est indispensable d'établir un budget prévisionnel, même approximatif, en s'efforçant de penser à toutes les dépenses, y compris les cartouches d'encre des imprimantes, ou le maquillage des acteurs... Il va de soi que tout projet est subordonné à cet aspect financier, qui doit rester raisonnable, ainsi qu'au déblocage de crédits de fonctionnement. Il faut réfléchir à la manière de financer l'ensemble (▶ fiche 24), y compris les réparations imprévues du matériel...

> **BON À SAVOIR**
>
> Pensez aussi à vérifier les conditions matérielles de votre projet : taille et disponibilité des locaux, horaires des différents partenaires et participants, des compagnies de transport, éventuellement état de fonctionnement des équipements nécessaires...

LA CAPACITÉ DU PROJET À FÉDÉRER DES VOLONTÉS

Former une équipe efficace

Il faut savoir s'entourer pour assurer la pérennité du projet. Associez à tout projet d'envergure la direction de l'établissement, qui apportera un soutien précieux. De même, certains enseignants sont plus habitués que vous à gérer des jeunes en dehors des salles de classe, c'est le cas des CPE et des profs d'EPS. Ils apportent, par leur professionnalisme, une aide essentielle à la gestion des absences, retards, problèmes bénins de santé.

Il est plus pertinent de chercher à s'entourer de collègues en fonction de leurs compétences et de leur capacité à assurer les conditions optimales à la réalisation du projet, que de vouloir à tout prix choisir ses collègues exclusivement par affinités. N'hésitez pas à faire appel à quelqu'un que vous connaissez peu, mais qui s'intéresse à votre projet et qui possède des compétences dont vous manquez. C'est le projet, et non votre personnalité ou votre réputation, qui doit être l'élément central – constitutif – du groupe ; l'idéal est que chacun se sente concerné par la réussite de l'entreprise, peu importe si cela doit être pour des raisons différentes.

> **BON À SAVOIR**
>
> Monter un projet tout seul est difficile et risqué. Vous devrez penser à tout, tout vérifier, tout assumer, sans soutien, et si vous êtes malade au moment crucial, tous vos efforts risquent d'être vains…

Bichonner tout le monde

La réussite dépend d'abord de la volonté des participants. S'ils ont tous envie d'atteindre l'objectif, car il leur plaît, et qu'en plus, ils peuvent en retirer une satisfaction personnelle, c'est gagné ! Valoriser par une parole ou un regard la présence de chacun, créer un climat agréable où tous se sentent à l'aise, faire en sorte que chacun se sente utile et impliqué en déléguant certaines responsabilités, permet d'éviter les attitudes de retrait ou de désinvolture. Et, tout bêtement, pensez à remercier les collègues qui ont fait un effort pour vous, cela leur donnera envie de travailler à nouveau avec vous!

Il ne faut pas hésiter à partager les tâches une fois le groupe constitué, et surtout – règle d'or! –, être loyal. En aucun cas, et sous aucun prétexte, il ne faut se laisser aller à dénigrer les personnes avec lesquelles le travail avance, quand bien même un différend pourrait intervenir : c'est le projet qui compte quand il est lancé.

À ce stade, une étape à ne pas négliger, surtout si l'équipe est nombreuse : il s'agit de la rédaction rapide d'un document de référence, qui permet de formuler et de formaliser les objectifs et contenus du projet. La rédaction doit en être collective, et chacun conserve une copie de ce document, qui servira de base commune au travail.

EN PRATIQUE

ÉLÉMENTS DEVANT FIGURER SUR LE DOCUMENT DE RÉFÉRENCE

1. Objectifs généraux du projet ;
2. description des méthodes et moyens choisis ;
3. règles de fonctionnement ;
4. critères pour évaluation future ;
5. coordonnées de tous les participants.

Passionné de BD et de dessin, j'ai eu envie de monter dans mon lycée un atelier de BD entre 12 et 14 heures. Presque tous les élèves mangent à la cantine et sont donc libres à ce moment-là. 28 élèves se sont inscrits. Nous avons décidé de nous voir trois fois par semaine et de faire une BD tous ensemble. Au bout de quelques semaines, première déception : plus d'un tiers des inscrits ont totalement arrêté, d'autres ne sont venus qu'épisodiquement. Au bout de deux mois, il restait seulement 10 élèves fidèles et motivés, – mais parmi eux, peu réussissaient à dessiner correctement. J'ai failli abandonner, d'autant qu'il ne restait en décembre qu'un "noyau dur" de six garçons, avec des univers très différents et un joli coup de crayon. C'est leur envie qui m'a redonné le courage de continuer. Nous avons changé d'objectif à ce moment-là : faire une planche ou deux sur un thème commun (l'hôpital) et ensuite

rassembler ces planches dans une histoire. Cela m'a vraiment demandé beaucoup de travail pour aider les jeunes en plus de mes cours. Mais le résultat était très bien, et finalement, c'est le lancement de l'atelier qui a été le plus dur. Voilà maintenant trois ans que l'atelier fonctionne bien maintenant, avec des garçons confirmés qui aident les débutants et me secondent, et la dynamique d'ensemble est sympa. Ça me donne beaucoup de plaisir et me permet de voir aussi les élèves un peu différemment. »

Thomas, professeur d'arts plastiques en collège
et en lycée professionnel.

Vous êtes prêts à tenter l'aventure ? Vous tenez l'idée, vous êtes un bon petit groupe de collègues motivés... alors, foncez !

Fiche 22

Quels projets dans un établissement scolaire ?

Un jour j'irai à New York avec toi...

Vous avez envie de vous investir avec des élèves dans une activité qui sorte un peu des sentiers battus, et apporte le plaisir de la nouveauté dans votre enseignement ? Tant mieux ! Vous y gagnerez en outre une relation de qualité avec vos élèves, qui pourrait bien transformer complètement l'ambiance de vos cours…

S'INSCRIRE DANS DES DISPOSITIFS NATIONAUX OU ACADÉMIQUES

Les ateliers

Ils sont le moyen le plus simple de mettre en place une action en direction des élèves. On les organise principalement pendant le temps libre, mais ils peuvent aussi être intégrés à l'emploi du temps d'un niveau de classe. Par exemple, un atelier d'écriture à destination d'élèves de 4e volontaires peut être organisé en début d'après-midi, les élèves non volontaires étant dirigés en étude obligatoire. Toutes les activités culturelles peuvent être envisagées dans ce cadre : cinéma, peinture, lecture, écriture… Dans tous les cas, il faut parler du projet au chef d'établissement qui organisera les modalités pratiques. Certains ateliers sont rémunérés en HSE.

Les TICE

Accompagner les élèves dans la maîtrise des outils informatiques et des nouvelles technologies est une politique mise en place par l'Éducation nationale. Divers projets peuvent rendre l'enseignement plus innovant, plus intéressant. Ces projets sont largement subventionnés.

Le projet de « classes numériques » concerne une classe de 4e et une classe de 2de. Il leur attribue une heure de cours en salle informatique et touche un noyau de professeurs qui se servent déjà de l'informatique en cours. Utiliser la salle informatique est lourd en préparation (adapter le cours au format numérique, préparer la salle, prévoir des exercices papier en cas de panne) et en termes d'heures (pour une heure de cours "classique", il faut en moyenne deux ou trois heures en salle informatique). De plus, les élèves ont énormément de mal à distinguer informatique de loisirs et informatique scolaire.
Les élèves travaillent en binômes et bénéficient d'une clé USB avec des logiciels portables, ils pourront avoir accès à un espace du site Internet de l'établissement pour enrichir leurs cours.
Ce projet s'inscrit dans la durée afin de mettre en place d'éventuels ateliers autour d'un pôle multimédia et d'un pôle "mise en ligne et gestion de sites Web". La direction de l'établissement joue un rôle important : c'est elle qui permet la réalisation logistique de la classe numérique ; elle en crée le cadre administratif et financier. De ce point de vue, les difficultés n'ont pas été nombreuses, les projets TICE sont généralement acceptés et encouragés. »

Jérôme, professeur d'histoire géographie en collège et en lycée, responsable des classes numériques.

Participer à un dispositif

De nombreux dispositifs sont mis en place par les rectorats. La liste en est même impressionnante ! Voyez avec le CDI si vous êtes intéressés par un domaine en particulier. De nombreux concours vous seront proposés, comme le prix Goncourt des Lycéens, très prenant en termes d'investissement et de volume de lectures, le concours de la Résistance, et d'autres moins prestigieux (concours de courts-métrages, de nouvelles, d'articles de journal, de carnet de voyage, etc.). L'inscription est, la plupart du temps, gratuite.

APPORTER UNE SPÉCIFICITÉ PERSONNELLE À SON ÉTABLISSEMENT

Organiser un spectacle de fin d'année

Les disciplines artistiques, la danse, les arts plastiques, le théâtre… sont tout particulièrement concernées par le spectacle de fin d'année. C'est souvent l'aboutissement du travail mené dans les différents ateliers, et le moment de travailler en synergie avec ses collègues pour proposer un ensemble complet. C'est bien sûr un engagement très prenant – et très stressant !

> *La chorale est un espace d'expression pour nos élèves, dans lequel notre rôle est différent : nous les accompagnons dans un projet que l'on réalise ensemble. Le spectacle de fin d'année est le moyen le plus facile de valoriser une chorale, il peut être donné dans un réfectoire ou un gymnase dans lequel des tentures sont tendues pour limiter la résonance, voire en plein air… La sonorisation d'un chœur est très difficile et ne s'improvise pas, il vaut mieux la confier à un professionnel. Le public de parents est, en effet, très indulgent sur l'aspect musical, mais aussi très critique si la prestation de leur enfant n'a pas été valorisée comme elle le méritait.*
>
> *La structure la plus adaptée pour prendre en charge l'aspect financier est le foyer socio-éducatif. Son statut d'association lui permet d'être l'organisateur officiel du concert, d'être facturé (pour la prestation de sonorisation), et de percevoir les entrées payantes de la soirée.*
>
> *Intégrer entre les chants des productions d'élèves, chansons écrites, dialogues, poésie les incite à s'investir, et un public, même familial, a plus de plaisir à suivre un spectacle dans lequel les enchaînements sont travaillés plutôt qu'une succession de chansons sans lien apparent. Les élèves préfèrent jouer un spectacle sur scène avec de vrais musiciens qui jouent en direct, et toucher du doigt la réalité d'un concert que*

de chanter accompagnés par un CD. Sans compter que les musiciens, eux, sont toujours à même de rattraper une erreur de structure ou de rythme...

Il faut garder à l'esprit que la réalisation d'un projet de ce type constitue toujours une grosse charge de travail supplémentaire. La reconnaissance de ce travail ne va pas toujours de soi, et nous devons parfois nous bagarrer pour obtenir les moyens nécessaires. Mais que de moments de bonheur!»

Vincent, professeur d'éducation musicale en collège et en lycée.

Proposer un enseignement complémentaire

Des enseignants qui ont une compétence particulière peuvent proposer aux élèves volontaires un enseignement complémentaire, alors que l'établissement ne dispose pas officiellement de l'option correspondante. C'est le cas par exemple d'une initiation à une langue régionale, ou d'une option dite « légère » au bac comme l'éducation musicale ou le cinéma-audiovisuel. La rémunération de telles activités est très aléatoire, il s'agit le plus souvent de bénévolat!

Animer un club

C'est la manière la plus informelle de partager sa passion avec des élèves, et elle est totalement désintéressée. Elle est donc aussi plus libre. Broderie, aéromodélisme, maquettes, bridge ou échecs, tout est permis pour occuper les élèves et ouvrir leur esprit à la diversité des occupations humaines!

S'occuper du foyer socio-éducatif

Indépendamment de la matière que vous enseignez, vous pouvez vous investir dans le foyer socio-éducatif (FSE) de votre établissement. C'est une association de type loi de 1901, dont le but est de promouvoir les activités proposées aux élèves. Comme toute association, le FSE a besoin d'un président, d'un secrétaire et d'un trésorier, et aussi de beaucoup de personnes de bonne volonté, prêtes à donner un «coup de main». Les tâches sont variées, les projets aussi : installer un distributeur de boissons dans les salles des profs (pour récolter des fonds et simplifier la vie des profs caféinomanes), prendre en charge l'organisation des photos de classe, organiser des petits-déjeuners éducatifs de temps à autre, faire fonctionner une salle informatique à disposition des élèves ou une salle de détente avec des jeux... et surtout permettre une souplesse de fonctionnement dans l'organisation des voyages, sorties et activités périscolaires.

SORTIR DE L'ÉTABLISSEMENT

Dans le cadre d'un programme

Aller au musée, visiter une exposition ou un site historique, faire une sortie géologie, découvrir un sport... dans le cadre des programmes, les occasions sont nombreuses de sortir de l'établissement, et de proposer une ouverture aux élèves. En effet, visiter un château médiéval ou voir une séance d'un planétarium laisse plus de traces dans les mémoires qu'une leçon classique d'histoire ou de sciences physiques. En plus d'un intérêt disciplinaire non négligeable, c'est l'occasion de permettre aux élèves de faire des expériences nouvelles. Dans les zones rurales ou défavorisées, par exemple, de nombreux jeunes ne sont jamais allés au théâtre, ou n'ont jamais pris le train...

L'UNSS permet à des jeunes de se réaliser sur le plan sportif d'une manière saine et quasi-gratuite. Les entraînements sont réguliers et des compétitions sont prévues pour les meilleurs. Une occasion de voir du pays et de faire des rencontres.

Pour souder une classe, animer un internat

Une bonne raison de faire une sortie à la patinoire, au bowling ou de participer à l'enregistrement en direct d'une émission de télévision est de souder un groupe ou de créer une «ambiance» sympathique à l'intérieur d'un groupe qui est amené à travailler ensemble longtemps.

Plus on fait de choses ensemble, plus on partage d'activités, et plus on se sent bien ensemble. C'est dans cet esprit que sont organisés les sorties pédagogiques et les voyages de classes.

Le voyage linguistique à l'étranger

Indispensable à ceux qui veulent acquérir une bonne maîtrise d'une langue étrangère, il est d'ailleurs obligatoire dans les sections européennes. Mais quels que soient le niveau et la destination, c'est un excellent moyen de montrer la diversité des cultures et la relativité des opinions. C'est aussi un formidable « coup de pouce » donné à la motivation des jeunes.

> *Pour organiser mon voyage à New York avec 49 élèves de lycée, j'ai préféré utiliser les catalogues fournis par un voyagiste "agréé Éducation nationale" : c'est infiniment plus simple ! Il bénéficie de tarifs préférentiels et de contacts locaux. Il faut être très rigoureux sur les documents officiels à exiger des élèves et accompagnateurs : il y en a que l'on ne peut pas se procurer à la dernière minute, aussi faut-il vérifier très tôt que tout soit bien conforme à la législation du pays visité. Cette année, à Roissy, un passeport d'élève, pourtant validé en Mairie, a été refusé ! Solution : il a fallu faire établir un passeport d'urgence à la préfecture la plus proche de l'aéroport, d'où la nécessité de prévoir des fonds d'urgence (ou régie d'avance) !*
> *Concernant cette régie, il faut aussi y inclure les dépenses prévisibles qui n'entrent pas dans le budget du voyagiste (taxis ou pourboires, comme aux États-Unis où tous les guides ont un pourboire calculé sur leur demi-journée de travail).*
> *Il y a eu beaucoup plus de candidats que de places. Alors, attention à bien justifier son choix (les textes officiels sont très nébuleux à ce sujet). En clair, il est souhaitable de présenter le choix comme étant celui du chef d'établissement, qui tranche en dernier ressort sur proposition des organisateurs. »*
>
> Frédéric, professeur d'anglais, section européenne en lycée.

La liste n'est pas exhaustive, vous l'avez compris, et les possibilités sont nombreuses ! C'est à vous de jouer... Et surtout n'hésitez pas, les élèves vous le rendront au centuple !

Fiche 23

Travailler en toute sérénité – et légalité

Mieux vaut prévenir que guérir...

Vos projets peuvent revêtir de très nombreuses formes... mais ils doivent, dans tous les cas, entrer dans le cadre pédagogique proposé par les programmes pour obtenir la caution de votre hiérarchie et vous assurer l'accord des parents d'élèves. Vous pourrez sortir de la classe ou y inviter des intervenants, vous pourrez créer, expérimenter, jouer la comédie, faire tout ce qui vous plaira mais... n'oubliez jamais la loi !

FORMALISER LE PROJET

Présenter les modalités et les objectifs

Afin que votre projet se déroule dans les meilleures conditions, mieux vaut prévoir un document à l'intention de l'administration sur lequel apparaissent toutes les informations qui doivent faire l'objet d'une validation.

EN PRATIQUE

DOCUMENT DE PRÉSENTATION ADMINISTRATIVE DU PROJET

Doivent impérativement figurer sur ce document :
- l'identité des élèves concernés par le projet. Il peut concerner une ou plusieurs classes, et impliquer des élèves de différentes classes et même de différents niveaux ;

…/…

.../...

- l'identité des membres encadrant le projet (responsables et accompagnateurs) : enseignants, autres personnels de l'établissement et intervenants extérieurs. C'est ainsi que des parents peuvent être sollicités pour accompagner une sortie ou qu'un écrivain peut participer à un atelier d'écriture ;
- l'identité des partenaires du projet : de nombreux musées proposent des visites pédagogiques, les autres ministères peuvent également être sollicités pour collaborer au projet, les entreprises sont aussi des partenaires intéressants pour certaines filières plus professionnelles ;
- la date et la durée du projet en précisant le plus tôt possible les sorties, les voyages, les rencontres s'il y en a : votre projet n'est sans doute pas le seul dans l'établissement et la mise en place d'un calendrier commun est très importante pour éviter les interférences fâcheuses ;
- les lieux où se dérouleront les différentes activités (dans l'établissement ou hors de l'établissement) : vous devez être localisables à tout moment... dans un périmètre plus ou moins précis évidemment ;
- les activités proposées tout au long du projet et en prolongement : proposez très vite un programme clair qui mette en valeur l'intérêt pédagogique du projet, et les apprentissages méthodologiques et culturels ;
- les modes de déplacement, le cas échéant, et l'identité des transporteurs : balisez avec précision vos déplacements ;
- une proposition de financement équilibré en ce qui concerne les dépenses et recettes (▶ fiche 24).

Tenir compte des contraintes

- Assurez-vous que les élèves avec qui vous désirez monter le projet pourront effectivement y participer : emploi du temps, participation à d'autres projets, risques d'absences (stages, problèmes de santé...). De plus, distinguez bien les sorties obligatoires (classe entière ou niveau déterminé/inscription dans le cadre des programmes officiels ou du projet d'établissement/sur le temps scolaire) des sorties facultatives. Dans le cas des sorties obligatoires, les élèves ne participant pas devront être pris en charge par l'établissement, et toute activité obligatoire doit être gratuite.
- Pensez au nombre d'accompagnateurs en cas de déplacement. Le chef d'établissement peut refuser une sortie s'il considère que le

nombre d'encadrants est insuffisant. Si les textes officiels sont clairs en ce qui concerne le collège (un accompagnateur pour douze élèves), ils sont inexistants au lycée, et le nombre d'accompagnateurs est laissé à la libre appréciation du chef d'établissement.

- Assurez-vous de la disponibilité des partenaires : il est fâcheux par exemple de se rendre compte au dernier moment que le musée parisien où vous vouliez emmener vos élèves ne propose pas de visites car ce sont les vacances... à Paris, mais pas chez vous ! De plus vérifiez que des intervenants extérieurs sont autorisés à venir dans votre classe et ont les compétences nécessaires.

- Outre le fait que chaque projet doit trouver sa place, il se peut que le chef d'établissement demande, par exemple, à ce que les voyages soient organisés tous en même temps pour éviter des absences échelonnées. Cela nécessite donc une coordination avec vos collègues. De plus, sachez qu'un certain nombre de projets doivent être proposés très tôt l'année précédente (fin mai pour une classe à Projet artistique et culturel – PAC). Du respect des délais dépend l'attribution des subventions éventuelles.

- Vérifiez la disponibilité et l'absence de dangerosité des lieux où vous voulez aller, l'état des accès, la météo éventuellement !

- Sachez que toute sortie – ou voyage – doit donner lieu à un compte rendu au chef d'établissement mais doit surtout être l'objet d'un apprentissage pour les élèves (qui peut donner lieu à une évaluation).

- Pour les déplacements en autocar, assurez-vous que les normes de sécurité sont respectées par la compagnie de transport (ne travailler qu'avec des entreprises ayant pignon sur rue est une garantie supplémentaire en la matière), que le nombre de places assises est suffisant, qu'une liste précise des passagers a été établie. En cas d'accident, la responsabilité du chef d'établissement peut-être mise en cause.

- Concernant le financement, si vous avez besoin de demander une participation financière aux élèves, ne le faites jamais sur votre propre compte en banque ! Demandez l'ouverture d'un compte à l'intendant afin que vous puissiez en toute légalité y déposer de l'argent et faire payer les factures. Pensez aussi à laisser les espèces dans le coffre-fort de l'établissement plutôt que de les garder trop longtemps sur vous. Enfin, rappelez-vous que seule une sortie facultative peut faire l'objet d'une demande de participation des familles.

OBTENIR LES AUTORISATIONS

De votre hiérarchie

Une fois l'information donnée à votre chef d'établissement et aux partenaires, il faut vous assurer de la validation officielle de votre projet.

La plupart des projets nécessitent l'accord du Conseil d'administration. Le chef d'établissement soumet au vote le projet que vous lui avez présenté. La clarté de sa présentation revêt donc ici toute son importance ! Là encore, le problème des dates se pose car il n'y a guère que quatre ou cinq CA par an, ce qui implique d'avoir prévu son projet longtemps à l'avance pour qu'il puisse être voté dans les temps !

D'autres projets plus institutionnalisés – comme les ateliers – après avoir été validés par le CA, sont examinés fin juin par une commission présidée par le responsable à l'action culturelle du rectorat et accordés par le recteur sur proposition de cette commission. Les classes à PAC ou classes culturelles sont quant à elles soumises à l'Inspection académique ou au rectorat et la DRAC pour être acceptées (notamment pour les intervenants dont elles vérifient les compétences sur des critères scientifiques et pédagogiques) et financées.

Chaque projet nécessite donc les démarches obligatoires pour être approuvé.

> **BON À SAVOIR**
>
> Classes à PAC : circulaire n° 2001-104 du 14 juin 2001.
> Classes culturelles : note n° 82-399/circulaire n° 88-063 et 98-153.
> Ateliers artistiques : circulaire n° 89-279/90-132/94-168.
> Ateliers scientifiques et techniques : circulaire 95-075/2001-046.
> Itinéraires de découverte : circulaire 2002-074.
> Sorties scolaires : circulaire n° 79-186 du 12 juin 1979.

Des parents

La communication avec les familles est primordiale dans le cadre de projets qui nécessitent des activités hors du cadre strictement scolaire et impliquent des déplacements. En effet, présenter le projet avec toutes ses caractéristiques permet de vous dégager de toute responsabilité si les consignes n'ont pas été respectées.

Ainsi, vous pouvez prévoir une réunion d'information pour présenter tous les membres du projet et surtout répondre aux questions que des parents inquiets ou sceptiques pourraient se poser. Vous pouvez également leur faire parvenir un document écrit présentant le projet.

Mais cela ne dispense pas des autorisations que vous devez obtenir si vous envisagez une sortie (autorisation de sortie/fiche de santé…) ou si l'image de vos élèves risque d'apparaître dans les médias. En effet, l'article 9 du code civil protège la propriété de l'image. Chaque personne dispose d'un droit à en interdire la diffusion ou l'utilisation. Donc, pour prendre nos élèves en photo, nous devons demander cette autorisation à leurs parents (circulaire n° 2003 du 05-06-2003).

 Faire remplir aux parents une fiche santé avec autorisation d'hospitaliser n'est pas un luxe! L'année dernière, j'ai organisé un voyage au festival de Cannes avec l'atelier cinéma dont je m'occupe au lycée. Le premier soir, alors que nous étions tous endormis dans un hôtel de Vallauris, je suis alertée par deux élèves paniquées : Laetitia, leur camarade de chambre saigne de la tête! Je me précipite dans sa chambre : c'est indéniable... et très impressionnant! Il faut appeler les pompiers...
Après un voyage en ambulance, nous voici aux urgences de l'hôpital d'Antibes. Heureusement que les parents de Laetitia avaient signé la fameuse autorisation qui me permet de remplir le formulaire de demande d'hospitalisation d'un mineur! Finalement, plus de peur que de mal... quelques points de suture, une nuit blanche et tout est rentré dans l'ordre. Et, si par manque de chance, cela vous arrivait aussi, n'oubliez pas de prendre un peu d'argent en espèces pour payer le taxi du retour... qui n'accepte pas la carte bleue!»

Estelle, responsable d'un atelier cinéma en lycée.

> **EN PRATIQUE**
>
> ### ORGANISER UNE SORTIE OU UN VOYAGE SCOLAIRE
>
> Il vous faut vous munir des documents suivants :
> - autorisation de sortie signée des parents pour les élèves mineurs ;
> - fiche santé signée (groupe sanguin/problèmes particuliers : allergie, asthme..) et autorisation de soins d'urgence (dont l'hospitalisation) et carte européenne de sécurité sociale pour l'étranger – à demander à la caisse d'assurance-maladie ;
> - justificatif d'assurance (responsabilité civile et individuelle) pour une sortie facultative ;
> - carte d'identité, passeport, autorisation de sortie du territoire et formulaire E111 pour l'étranger.
>
> Conservez avec vous ces documents, ainsi que le formulaire d'autorisation de sortie signé par le chef d'établissement, après en avoir laissé copie à l'administration.

BON À SAVOIR

Vous trouverez sur le site http://lamaisondesenseignants.com/ des exemples de formulaires à distribuer aux élèves.

À vous la grande aventure : Prudence, mère de Sûreté, vous accompagne... vive la liberté encadrée !

Fiche 24

Financer le projet
Le fric, c'est chic!

Il n'y a pas que l'argent qui compte. Certes... Mais pour bon nombre de projets, il est nécessaire de prévoir un budget sérieux pour le mener à bien et éviter d'avoir à payer de sa poche de menus frais qui au bout du compte, s'avèrent importants! Vous n'êtes pas tous profs de maths, mais un peu de rigueur devrait suffire à proposer un tableau équilibré, deux colonnes et tout à fait en bas: deux chiffres... identiques – si vous avez bien travaillé!

LES BESOINS

Certains projets occasionnent très peu de frais, d'autres, au contraire, remplissent allègrement la colonne « dépenses ». Il s'agit donc de faire le tour, avec le plus de précision possible, de tous les besoins pour éviter les mauvaises surprises.

Le coût de fonctionnement lié aux matériels utilisés

- Le papier: cela peut paraître anecdotique, mais vous savez bien à quel point les photocopies coûtent cher... prévoyez avec soin les besoins en copies couleurs, tirage d'affiches (pour la promotion d'un spectacle de théâtre par exemple), etc.
- Les cartouches pour l'imprimante, les reliures pour les dossiers pour les élèves, le développement de photos pour une exposition, tout ce qui touche à l'impression de documents.
- Les outils, matériels et matériaux. Pensez aux coûts de fonctionnement, mais aussi d'entretien (nettoyage, conservation...).

Le coût des visites ou des entrées

- Photocopiez la liste des élèves avec leur âge, ainsi que celle des accompagnateurs, vous la remettrez au musée afin de bénéficier des tarifs de groupe.
- Réservez à l'avance pour obtenir les billets et la facture que l'intendance ou le FSE ne manqueront pas de vous demander.

Coût des transports en cas de sortie

- Demandez plusieurs devis pour les transporteurs afin de faire jouer la concurrence, c'est obligatoire depuis quelques années.
- Réservez le plus tôt possible le train ou le bus pour obtenir les places les moins chères.
- Commandez les tickets de métro à prix réduits en même temps que vos billets de train.

> **BON À SAVOIR**
>
> N'oubliez surtout pas les justificatifs qui vous donnent droit à des réductions car les contrôleurs sont inflexibles et une carte oubliée peut griller le budget visite ! Récupérez-les avant le départ pour éviter les soucis.

Coût de l'hébergement et des repas

- Choisissez des foyers ou des auberges adaptés à l'accueil de groupes d'élèves. Certains lieux peuvent également vous fournir des paniers pique-niques à emporter pour le midi, ce qui évite bien des tracas !
- Concernant les repas, pensez à demander les repas du midi à la cantine lors de vos sorties à la journée : ils permettent des économies non négligeables dans le budget d'un voyage !

Divers

Il existe bien d'autres frais possibles :
- les heures qui sont effectuées par les intervenants réguliers (ateliers artistiques) ou occasionnels (conférences par exemple) ;
- l'organisation d'un pot lors du compte rendu d'un projet, du spectacle d'un atelier, d'une présentation des travaux effectués d'une classe à PAC… ;
- l'achat d'un cadeau pour des intervenants bénévoles : anciens combattants venus témoigner pour un projet en histoire géographie, musicien venu accompagner la chorale pour le spectacle de fin d'année… ;

À vous de détailler les moindres implications de votre projet pour proposer un budget qui sera au plus près de la réalité.

> **BON À SAVOIR**
>
> Sachez que vous pouvez obtenir une régie d'avance pour payer certaines dépenses prévues dans le budget payables sur place (les repas, par exemple). Il vous faut alors tenir un journal des dépenses et conserver tous les justificatifs de paiement et les factures.
> Certains intendants acceptent même de vous délivrer une carte bleue si la somme dépasse 2 000 €.

LES RECETTES

Trouver des financements n'est pas toujours aisé et demande pas mal d'énergie. Où peut-on s'adresser pour demander quelques sous ?

Les ressources institutionnelles

- Subventions spécifiques du ministère de l'Éducation nationale : une ligne de crédit spécifique est allouée par le MEN aux Inspections académiques et aux rectorats pour l'équipement TICE dans le cadre de projets pédagogiques spécifiques et innovants. Contactez les conseillers TICE des recteurs, ainsi que des inspecteurs TICE de l'Éducation nationale.

- Subventions d'autres ministères : de nombreux ministères peuvent octroyer des subventions. Ainsi, le ministère de la Défense finance chaque année des projets liés à la Mémoire et au patrimoine culturel, dans le cadre d'une convention avec le ministère de l'Éducation nationale. Une adresse utile : http://eduscol.education.fr/D0090/MemoireHistoire.htm.

  Les ministères de l'Agriculture et de la Pêche et de l'Écologie participent également à de nombreux projets en faveur de l'environnement. Les Directions régionales des affaires culturelles (ministère de la Culture) peuvent également s'investir dans des projets à destination des élèves.

- Aides attribuées par les collectivités locales : mairies, Conseil régional, Conseil général. Pourquoi ne pas travailler avec sa commune pour un projet sur le patrimoine local ? Les aides sont assurées et la proximité permet d'autres partenariats. Quant au Conseil général, sollicitez-le dans le cadre des ateliers.

- Fonds Européens pour des projets européens de coopération avec d'autres établissements (circulaire n° 2002-279 du 19-12-2002).

Les ressources extérieures

- Ne négligez pas les aides que peuvent vous apporter des entreprises privées. Certaines sont de véritables mécènes ! Outre une subvention, elles peuvent notamment vous aider matériellement en vous offrant des services ou en vous prêtant du matériel…

  > **BON À SAVOIR**
  >
  > Demandez aux élèves de préparer une présentation du projet et d'aller à 2 ou 3 solliciter les entreprises susceptibles de les aider. Voilà une occasion de tester les compétences relationnelles que le travail de groupe aura développées.

- Les parents d'élèves peuvent mettre bénévolement leurs compétences au service du projet. Parfois, les fédérations ou associations de parents d'élèves peuvent également mettre la main à la poche.

L'autofinancement

Les élèves sont souvent motivés pour organiser des actions qui leur permettent de gagner un peu d'argent. Il y a de nombreuses possibilités : ventes de gâteaux aux récréations, vente de petits objets fournis par des associations, organisation de tombolas, spectacle créé par les élèves au profit du projet… Il suffit d'écouter les élèves, de choisir ce qui vous semble le plus rentable… tout en vous méfiant de la gestion parfois gigantesque que ce genre d'actions peut impliquer.

La participation des familles

Vous ne pouvez solliciter la participation des familles des élèves que pour des sorties facultatives. Les sorties obligatoires doivent être gratuites pour les familles, et l'établissement seul les prend en charge.

La participation des familles doit être votée par le Conseil d'administration, qui fixe un montant maximum, et ne « doit pas avoir pour conséquence une ségrégation des élèves en fonction des ressources financières de leurs familles » (circulaire n° 76-620 du 20 août 1976).

> **BON À SAVOIR**
> Le fonds social collégien et le fonds social lycéen peuvent aider des parents en grande difficulté et éviter par exemple qu'un seul élève d'une classe ne participe pas à un projet pour cause de difficultés financières.
> Ces fonds sont en effet destinés à répondre aux situations difficiles que peuvent connaître des collégiens, des lycéens et des élèves de l'enseignement spécialisé du second degré ou leurs familles pour assumer les dépenses de scolarité et de vie scolaire.
> « À ce titre, une aide exceptionnelle peut être attribuée pour les élèves scolarisés […] qui doit leur permettre de faire face à tout ou partie des dépenses relatives aux frais d'internat, de demi-pension ou de transports et de sorties scolaires, à l'achat de vêtements de travail, de matériels professionnels ou de sport, de manuels et de fournitures scolaires, cette liste de dépenses de scolarité et de vie scolaire n'étant pas limitative » (ministère de l'Éducation).

Avec l'accord de l'Agent comptable, vous pouvez proposer un échéancier qui fractionnera le coût du voyage en plusieurs mensualités.

BON À SAVOIR

Les familles peuvent payer par chèques vacances si leur établissement a reçu l'agrément de l'ANCV (Agence Nationale pour les Chèques Vacances).

Le foyer socio-éducatif

Le FSE peut accorder des aides votées par les membres de son bureau et acceptées par le Conseil d'administration de l'établissement. Sa gestion est indépendante de l'établissement, il tire ses fonds propres des cotisations de ses membres et des activités qu'il organise (ventes avec bénéfices). Il peut aider à financer un projet par une subvention, et tout simplement parce qu'il peut encaisser des recettes et émettre des chèques. Il apporte ainsi une certaine souplesse de fonctionnement à vos projets (▶ fiche 22).

L'établissement

L'établissement possède des fonds impartis aux sorties et projets culturels. Le montant de la participation est à négocier avec votre chef d'établissement, qui prend en considération la nécessité de répartir équitablement ces ressources pour les différents projets. Mais il peut aussi décider de favoriser un projet en particulier, répondant à un objectif du projet d'établissement ou offrant une image très positive de l'établissement !

Une fois l'argent en "poche", vous pouvez vous lancer... mais attention ! Restez bien en équilibre... et en cas de doute, achetez-vous une calculette !

Fiche 25

Trouver des partenaires

Plus on est de fous, plus on rit...

Il vous reste à trouver les partenaires avec qui construire votre projet et le rendre concret. Ils apporteront l'expérience artistique, la caution scientifique, partageront leurs savoirs ou vous aideront à trouver l'information. Ces partenaires peuvent être nombreux et ils n'attendent que vous !

DES MEMBRES DE VOTRE ÉTABLISSEMENT

Des collègues

Que ce soit pour une classe à PAC, un itinéraire de découverte (IDD), la participation au Goncourt des lycéens ou encore un atelier, la collaboration de collègue(s) au projet semble indispensable pour assurer son bon fonctionnement (▶ fiche 26).

L'administration

Elle est obligatoirement au courant de votre projet. Elle peut y participer financièrement (▶ fiche 24), mais peut aussi apporter des encouragements et un soutien matériel, en vous rendant disponibles certains locaux ou même en autorisant des surveillants à vous aider.

Le documentaliste

Ce pivot de l'établissement peut, de par sa position très particulière, être associé à de nombreux projets. Il travaille en effet :

- à l'intérieur de l'établissement avec les enseignants, l'administration, les élèves ;
- à l'extérieur avec les ministères, les institutions culturelles locales ou régionales, les bibliothèques, les centres de documentation (Centre régional de pédagogie/Centre national de pédagogie), les associations culturelles…

Son rôle est d'ouvrir l'établissement à l'environnement local, national voire international. Il peut donc faciliter la venue de conférenciers, par exemple.

L'infirmerie

Vous êtes professeur de SVT et désirez monter un IDD sur le thème du corps avec votre collègue d'EPS. L'infirmière de l'établissement pourra apporter un complément d'informations, voire sensibiliser les jeunes à des problèmes de santé liés au manque d'activité physique ou aux effets néfastes de la cigarette.

> **BON À SAVOIR**
>
> Ne vous arrêtez pas uniquement aux fonctions de vos collègues. En effet, nous avons tous des talents cachés et l'agent de maintenance peut être un passionné d'astronomie, la secrétaire une experte de l'histoire de la commune, le proviseur un féru de mécanique… Il suffit de découvrir tout cela pour trouver à côté de vous des partenaires ponctuels et efficaces.

DES REPRÉSENTANTS DE L'ÉTAT

Les ministères

Ils sont aussi des partenaires possibles pour votre projet (▶ fiche 24). Il en va de même des musées sous tutelle du ministère, des fondations et des institutions culturelles.

Les collectivités locales et régionales

- La mairie peut vous offrir une aide logistique en vous prêtant des locaux, comme un centre culturel pour un spectacle, ou en vous donnant l'accès à des documents d'archives dans le cadre d'un projet en histoire.
- De la même façon, certains Conseils régionaux ou généraux s'investissent dans des projets en mettant à la disposition du matériel, des salles, des moyens de communication. Il suffit que votre projet s'intègre dans les politiques locales menées. À vous d'aller vous renseigner!

Les DAAC et la DRAC

- Les Délégations académiques à l'action culturelle (DAAC) ont pour mission de piloter et animer l'éducation artistique et culturelle des établissements de l'Académie, accompagner leurs projets et former les équipes éducatives. Ces initiatives s'inscrivent, en étroite collaboration avec les inspecteurs d'académie, dans le cadre du projet académique et s'appuient sur le partenariat institué avec les autres services de l'État (Directions régionales des affaires culturelles, Directions régionales de la recherche et de la technologie, Directions régionales de l'environnement…), les collectivités territoriales et les structures culturelles majeures de la région.
- Les Directions régionales des affaires culturelles sont chargées de la mise en œuvre, adaptée au contexte régional, des priorités définies par le ministère de la Culture. Proposant aux préfets l'attribution des soutiens financiers de l'État, elles exercent aussi une fonction de conseil et d'expertise auprès des partenaires culturels et des collectivités territoriales. Leurs missions portent sur tous les secteurs d'activité du ministère : patrimoine, musées, archives, livre et lecture publique, musique et danse, théâtre et spectacles, culture scientifique et technique, arts plastiques, cinéma et audiovisuel. Elles sont de ce fait les représentants en région de tous les services du ministère.

N'hésitez pas à les contacter : elles sont une mine d'informations sur les possibilités d'actions et d'aides pour les mener. On trouve toutes les informations relatives aux ateliers dans les collèges et lycées dans le BO n° 24 du 14 juin 2001.

> **BON À SAVOIR**
>
> Deux sites proposent des exemples d'actions éducatives :
> http://eduscol.education.fr/D0090/MemoireHistoire.htm
> http://www.culture.gouv.fr/culture/regions/index.html

Le DARIC

Le Délégué académique aux relations internationales et à la coopération est l'interlocuteur de tous les projets d'ouverture internationale. On trouve les informations relatives à son rôle dans le *BO* n° 35 du 31 janvier 2002.

Les organismes de recherche

Dans les laboratoires de recherche des universités et du CNRS, vous pouvez trouver des partenaires très efficaces pour faire partager le goût des sciences aux élèves. Des chercheurs, doctorants, ingénieurs ou techniciens sont là pour élaborer des projets et vous aider dans leur réalisation.

> **BON À SAVOIR**
>
> Une adresse très intéressante : http://eduscol.education.fr/D0027/adresses-utiles.htm.
> Vous y trouverez répertoriées toutes les ressources d'audience nationale, produites en dehors du réseau scolaire français, et susceptibles de fournir une aide aux enseignants dans leurs projets de culture scientifique et technique.

DES MUSÉES

De très nombreux musées nationaux et régionaux, ainsi que des musées privés peuvent vous accueillir avec vos élèves dans des conditions particulières. En effet, beaucoup proposent une visite gratuite au préalable pour les enseignants si vous êtes muni d'un justificatif de réservation pour la classe. Vous pouvez alors découvrir toutes les ressources du musée… et même avoir accès à un dossier pédagogique pour préparer au mieux la venue des élèves.

De plus, les groupes peuvent être pris en charge dans des ateliers divers avec des animateurs (par exemple à la Cité des Sciences et de l'Industrie), ou encore rencontrer des artistes, faire des visites thématiques…

> **BON À SAVOIR**
> La liste de l'ensemble des musées nationaux se trouve sur le site du ministère de la Culture :
> http://www.culture.gouv.fr/documentation/doclvr/pres.htm.

DES PARTICULIERS, ASSOCIATIONS OU ENTREPRISES PRIVÉES

Les intervenants rémunérés

Les ateliers culturels nécessitent pour la plupart la présence d'un intervenant, artiste ou professionnel de la culture. Le ministère de la Culture est chargé de la rémunération des intervenants, et la DRAC peut apporter un soutien complémentaire. Ce qui importe, pour vous, c'est la relation que vous établissez avec l'intervenant et l'entente qui en découle. Vous ne travaillez plus seul mais avec lui et la réussite du projet dépendra de votre complémentarité !

Des particuliers bénévoles

L'intervention de simples particuliers bénévoles peut aussi être intéressante. En effet, la richesse des individus est précieuse et il ne faut pas hésiter à l'utiliser s'ils sont d'accord. Si vous connaissez quelqu'un qui peut répondre à certains problèmes posés par votre projet, informez-en votre hiérarchie pour obtenir l'autorisation de sa présence en classe.

Des entreprises et associations

L'ouverture de l'établissement sur l'extérieur est indispensable et la collaboration avec des entreprises peut s'avérer fructueuse. Dans le cadre d'une action à caractère scientifique et technologique par exemple, vous pouvez solliciter une entreprise industrielle. Elle permettra aux élèves de découvrir sur le terrain l'application concrète de ce qui peut leur sembler trop abstrait dans le laboratoire de physique, la nécessité de continuer la recherche pour faire progresser les procédés de fabrication ou la dimension économique de la science.

Ces différents partenariats peuvent s'inscrire dans la durée ou n'être que ponctuels, le tout étant de mettre en place dès le début un calendrier précis des interventions!

LA PRESSE

- Vous voulez travailler sur la presse, ses formes, ses fonctions, sa distribution… Le mieux est de prendre contact avec un journaliste du quotidien local ou un animateur de radio pour mettre en place un partenariat de travail.
- Vous souhaitez donner un écho médiatique à un projet et y associer la presse comme moyen de communication. Un journaliste peut devenir le rapporteur de votre projet et rendre compte dans le journal, à la radio et pourquoi pas à la télévision de la progression de votre aventure! Cela peut être intéressant si votre projet a comme

finalité de présenter un spectacle ou une exposition. Ce type d'expérience est extrêmement valorisant pour les élèves !

> *Candidate pour faire participer une classe de première L du lycée au Goncourt des Lycéens avec leur professeur de français, c'est avec joie que nous avons reçu début juin la confirmation de son inscription officielle à cette grande aventure ! Treize romans à avaler en deux mois, c'était déjà un vrai défi... mais nous avons décidé avec les élèves d'en relever un autre : celui de donner un écho à cette participation dans la presse locale. Une des correspondantes du journal a répondu favorablement à notre demande et c'est avec elle que nous avons élaboré la médiatisation du projet. Ainsi nous avons vu naître un premier article présentant l'événement, la classe, les objectifs de lecture, le rôle du CDI. Puis nous avons convenu de la parution de critiques écrites par les élèves sur les romans : c'est ainsi que sont parus trois articles signés par leurs auteurs ! Ce n'était pas fini car nous avons pu durant ces deux mois rencontrer un grand nombre d'écrivains, à Toulouse d'abord, puis à Brive au Salon du Livre, et enfin au lycée ! Ce furent autant d'occasions de nous voir en photo dans le journal en compagnie de nos chers écrivains. Cette collaboration avec la presse a compté parmi les meilleurs souvenirs de l'aventure !»*

Évelyne, documentaliste en lycée.

La mise en place d'un projet est un travail collectif qui peut posséder différentes dimensions, (scientifique, artistique, culturelle, pédagogique...). L'important est de se mettre d'accord entre partenaires sur les modalités, afin que cette collaboration réussie donne à tous l'envie de recommencer !

Fiche 26

Monter un projet interdisciplinaire

Échange de bons procédés...

Philosophie et mathématiques étaient unies pour le meilleur... il y a quelques deux mille ans. Osez une nouvelle alliance et reconstruisez une réalité artificiellement morcelée. Certes, enseigner la littérature, faire découvrir le fonctionnement des muscles ou expliquer le théorème de Pythagore ne semble, a priori, pas être compatible... Et pourtant! Unissez vos efforts, oubliez les frontières entre les savoirs et faites découvrir aux élèves que les langues, les sciences, l'histoire ne sont que les parties d'un tout à appréhender avec curiosité et tolérance!

DANS QUEL CADRE TRAVAILLER EN INTERDISCIPLINARITÉ ?

Les dispositifs officiels

De nombreuses recommandations dans les instructions officielles favorisent depuis quelques années le travail en interdisciplinarité. Elles considèrent que l'enseignement des disciplines n'est qu'un moyen dans la formation de l'individu. Aussi, plusieurs dispositifs imposant ou encourageant le travail en équipe pluridisciplinaire existent aujourd'hui. En voici quatre exemples.

Les Itinéraires de découvertes (classes de cinquième et quatrième)

Les IDD s'appuient sur des contenus ancrés dans les programmes du cycle central et mobilisent deux disciplines de référence. Si vous êtes partant pour l'aventure, il vous faut donc trouver un binôme avec lequel vous allez construire un projet qui s'inscrit dans les thèmes proposés.

 Mon collègue d'éducation musicale et moi-même organisons un spectacle alliant chant choral et théâtre, représenté en public en fin d'année. Partenariat fructueux entre deux disciplines complémentaires, motivation des élèves, implication de nombreux adultes (professeurs, parents, chefs d'établissement) : le projet, dès la première année, fut une réussite. Rapidement, il nous a semblé judicieux de proposer aux élèves un IDD en rapport direct avec le spectacle. Il s'agissait de créer des chansons à intégrer entre un classique de Téléphone et le dernier tube d'Olivia Ruiz... Cela pouvait sembler risqué !
Nous étions deux professeurs pour un groupe de trente élèves que nous avons tout d'abord divisé en deux pour prendre les groupes en alternance. Pour ma part, les premières séances ont été consacrées à leur faire observer et analyser différents textes de chansons, comme je le fais en classe pour des poèmes (compter les syllabes, observer les rimes...). En parallèle, mon collègue les familiarisait avec les différentes possibilités musicales qui s'offraient à eux.
Le travail d'écriture a ensuite débuté : par groupes de trois, sur un thème en rapport avec le spectacle, ils devaient faire l'ébauche de leur chanson. Au terme de ces quelques séances consacrées exclusivement à l'écriture, le groupe a choisi cinq textes, selon des critères préalablement mis au point avec eux. Nous avons refondu alors les groupes, qui sont passés à six élèves.
Le reste du semestre était consacré à la finalisation des chansons. Après quelques heures infructueuses, durant lesquelles les professeurs essayaient d'apaiser l'animosité des "évincés" à l'encontre des "retenus", le travail a repris avec une dimension plus ludique : la mise en musique. Cette partie du travail a semblé plus facile aux élèves, alors qu'en réalité elle leur a demandé une rigueur et une concentration à laquelle ils sont peu habitués. Mettre en adéquation paroles et mélodie est une entreprise fastidieuse car il faut sans cesse remettre en cause ce qui paraît terminé. Mais la plupart des groupes ont abouti à un résultat plus qu'honorable. Au final, deux chansons ont été chantées par la chorale à la fin de l'année (sous les acclamations !), les trois autres enregistrées et mises sur le site du collège. Le groupe du second semestre a, quant à lui, contribué au spectacle de l'année suivante.

> *Les élèves ont été évalués lors de cet IDD. La note comprenant à parts égales l'investissement personnel au cours des séances (différente d'un élève à l'autre) et le travail fini (identique au sein d'un groupe).* »
>
> Estelle, professeur de lettres en collège.

Les heures de module (en seconde)

Il existe également en classe de secondes des heures de modules en mathématiques, français et langue vivante. Vous êtes souvent deux enseignants sur le même créneau horaire, ce qui peut vous permettre de mettre en place des activités communes autour de difficultés repérées conjointement, ou plus largement d'envisager de travailler sur une compétence transversale ou sur un thème commun traités de façon différente : explorer une période historique en histoire géographie et à travers la littérature en français, ou bien montrer que la rigueur (dont les élèves ne comprennent généralement pas le sens !) dans la conduite d'une dissertation est similaire à celle nécessaire dans la rédaction d'une démonstration de géométrie !

Les Travaux Personnels Encadrés (en première)

Contrairement aux IDD, vous n'êtes pas dans le cadre des TPE aux commandes des différents projets de recherche que les élèves vont choisir : vous n'êtes là « que » pour les aider. Cependant, le choix des sujets va en partie dépendre des disciplines que vous enseignez.

Aussi, pour pouvoir assumer cet encadrement dans les meilleures conditions, mieux vaut bien s'entendre et avoir défini des axes de réflexions communes. Vous êtes prof de français, vous allez naturellement vous tourner vers un collègue d'histoire et géographie ou de langues pour former une équipe. Mais rien ne vous empêche de vous associer à un prof de sciences et de proposer des questionnements sur l'appréhension et l'exploitation des sciences au cours du temps dans la littérature ou sur l'utilisation de la science en science-fiction. Les possibilités sont infinies ou presque, et ce type de structure vous offre la possibilité de sortir des sentiers battus !

*Les Projets Pluridisciplinaires à Caractère Professionnel
(en terminale BEP et baccalauréat professionnel)*

Outre l'intérêt de l'interdisciplinarité, « le caractère professionnel du projet est, pour l'élève, un moyen privilégié de percevoir l'unité de sa formation. Il permet notamment la découverte et la prise en compte des savoirs et des savoir-faire relevant des enseignements généraux mobilisés dans toute activité professionnelle » (circulaire n° 2000-094, *BOEN* du 29 juin 2000).

EN PRATIQUE

DESCRIPTIF DU PROJET

Quel que soit le cadre dans lequel s'inscrit le projet, il est toujours bon que vous établissiez un document descriptif précis comportant les informations suivantes :
- l'intitulé et l'objectif global du projet ;
- le descriptif, si besoin, des objectifs, des compétences et connaissances développés dans les activités disciplinaires ;
- l'identification des élèves concernés (classe/groupe/niveau) ainsi que des encadrants ;
- le planning prévisionnel avec les heures consacrées aux différentes activités ;
- les lieux d'activité (établissement/hors établissement) ;
- les besoins matériels (équipements, matériaux…) ;
- les modalités de l'évaluation (commune ou non).

Des thématiques ou projets culturels propices à l'interdisciplinarité

Des projets interdisciplinaires peuvent être menés indépendamment des dispositifs que nous venons de citer.

Thématiques transversales

Indépendamment de toute structure horaire figée, rien ne vous empêche de travailler en collaboration avec un collègue d'une autre discipline pour traiter de thématiques qui contribueront à donner aux élèves l'impression que l'enseignement est véritablement lié au monde dans lequel ils vivent. Les thèmes de l'environnement, la santé, la citoyenneté se prêtent particulièrement bien à ce type de projets interdisciplinaires.

Projets culturels

Vous êtes prof de langue et organisez un voyage à l'étranger : il vous faut des accompagnateurs, vous trouvez des collègues de la classe prêts à partir avec vous. Pourquoi ne pas leur proposer de participer activement à ce voyage en envisageant d'autres pôles que celui de la langue et de sa culture ? Le prof de SVT pourrait en profiter pour travailler sur les différents paysages traversés, le prof d'histoire sur l'histoire de la construction du pays, le professeur d'économie pourrait faire une comparaison entre les systèmes politiques. Toutes les combinaisons sont possibles !

Vous pouvez également proposer un atelier artistique ouvert aux élèves volontaires, en collaboration avec d'autres collègues qui se joindront à vous pour en assurer le suivi et aider à la réalisation artistique. Nul doute sur l'efficacité de lier littérature, arts plastiques, musique et gymnastique pour la plupart des cas (danse, théâtre, écriture, cirque, chorale…).

COMMENT TRAVAILLER EN INTERDISCIPLINARITÉ ?

Si vous désirez vous lancer dans un projet impliquant plusieurs disciplines, il vous faut réfléchir à l'intérêt qu'il présente, aux objectifs que vous allez vous fixer et aux contraintes et difficultés qu'il va engendrer.

Définir les modalités de travail

- Réaliser une production nécessitant l'apport de plusieurs disciplines : pièce de théâtre, court-métrage, voyage…
- Travailler sur un thème, chacun traitant un aspect particulier : voyage au siècle de la Renaissance (retour aux textes antiques, découverte

du corps humain, débat sur les problèmes religieux, construction des châteaux de la Loire, tout le monde peut y trouver son compte !).
- Mettre en place un objectif commun de méthodologie : la prise de notes sous forme de schéma.
- Mettre en valeur des modes de raisonnement communs : utiliser l'induction ou la déduction en sciences et dans la rédaction d'une dissertation.

Quel que soit l'objectif choisi, ce qui importe est de bien montrer la complémentarité ou la similitude des connaissances et des compétences que les différentes disciplines séparent artificiellement.

Avoir mesuré les contraintes du projet

L'emploi du temps

Comme dans tous projets de groupe, le temps de concertation est à prendre en compte. Il faut prendre le temps de définir le cadre de cette alliance, se voir régulièrement pour se tenir au courant de l'avancée du projet. Aussi est-il prudent de demander dans l'emploi de temps une heure durant laquelle vous allez pouvoir vous rencontrer facilement, ou bien même une heure durant laquelle vous pouvez organiser des séances communes (l'un doit avoir cours avec la classe concernée, l'autre non).

> **BON À SAVOIR**
>
> Lorsque vous vous mettez d'accord sur la répartition horaire, ne soyez pas obsédé par une stricte égalité du nombre d'heures par discipline. Le partage de l'encadrement doit être centré sur la vie du projet plus que sur les disciplines elles-mêmes.

La cohérence des apprentissages

Modes de fonctionnement, outils utilisés, les différences sont parfois importantes et peuvent être légitimes. Sans annihiler les spécificités propres à chaque discipline qu'il convient d'expliquer aux élèves, vous pouvez tout de même mettre en place certains protocoles communs. L'une des priorités est consiste à se mettre d'accord sur le vocabulaire.

Si vous décidez de partager les élèves lors de séances communes, préparez-en bien les objectifs pour ne pas retomber « naturellement » dans votre discipline, tout en étant bien conscient de ce que chacun peut apporter de spécifique.

> **BON À SAVOIR**
>
> N'oubliez pas que l'étendue des connaissances est bien trop importante aujourd'hui et que vous ne pouvez pas maîtriser toutes les disciplines ; aussi pas de complexes ! Acceptez de ne pas tout connaître, partagez vos savoirs, soyez curieux, montrez aux élèves qu'un prof peut encore apprendre et que des matières autres que la sienne l'intéressent !

Il n'y a bien finalement qu'en mathématiques qu'un et un font deux ! En effet, travailler en interdisciplinarité ne consiste pas à additionner les compétences et savoirs mais à les recouper, à les fondre, à les transcender pour qu'apparaisse la cohérence de tout ce qui nous entoure et pour montrer à nos élèves qu'en unissant nos efforts, un et un peuvent faire trois !

Bibliographie

Gilles AMADO, André GUITTET, *Dynamique des communications dans les groupes*, Armand Colin, 1993.

Didier ANZIEU, *Le Groupe et l'inconscient*, Dunod, Paris, 1999.

Didier ANZIEU, Jacques-Yves MARTIN, *La Dynamique des groupes restreints*, PUF, 1968.

Pierre-Marie BAUDONNIERE, *Le mimétisme et l'imitation*, Dominos, Flammarion, 1997.

Michel BARLOW, *Le Travail de groupe des élèves*, Bordas, 2004.

Alain BLANCHET, Alain TROGNON, *La Psychologie des groupes*, Armand Colin, 2005.

Marc-Henry BROCH, *Travailler en équipe à un projet pédagogique*, Chronique sociale, 2004

Patrick DELAROCHE, *L'Adolescence, enjeux cliniques et thérapeutiques*, Nathan Université, 2000.

Philippe DELVAL, *La Gestion mentale des groupes en réunion*, Armand Colin, 1991.

Hélène DEUTSCH, *Problèmes de l'adolescence, la formation des groupes*, Petite Bibliothèque Payot, 1967.

Jean MAISONNEUVE, *La Dynamique des groupes*, PUF, Que sais-je?, 1968.

« Le travail de groupe », *Cahier pédagogique* n° 356, 1997.

Armel MARIN, *Pour travailler en équipe*, éditions du Rocher, 1991, GER Éducation.

Philippe MEIRIEU, *Outils pour apprendre en groupe*, 2000.

Max PAGES, *La vie affective des groupes, esquisse d'une théorie de la relation humaine*, Dunod, 1975.

Sigles et abréviations

CA : Conseil d'administration
CDI : Centre de documentation et d'information
CNDP : Centre national de documentation pédagogique
CNRS : Centre national de la recherche scientifique
COP : Conseiller d'orientation psychologue
CPE : Conseiller principal d'éducation
CRDP : Centre régional de documentation pédagogique
DAAC : Délégation académique à l'action culturelle
DARIC : Délégué académique aux relations internationales et à la coopération
DRAC : Direction régionale des affaires culturelles
EPS : Éducation physique et sportive
FSE : Foyer socio-éducatif
HSE : Heures supplémentaires effectives
IDD : Itinéraire de découverte
IA-IPR : Inspecteur d'académie – Inspecteur pédagogique régional
PAC : Projet artistique et culturel
PLP : Professeur de lycée professionnel
SVT : Science de la vie et de la terre
TD : Travaux dirigés
TICE : Technologies de l'information et de la communication pour l'enseignement
TP : Travaux pratiques
TPE : Travaux personnalisés encadrés
TZR : Titulaire de zone de remplacement
UNSS : Union nationale du sport scolaire

www.ingramcontent.com/pod-product-compliance
Lightning Source LLC
Chambersburg PA
CBHW071202160426
43196CB00011B/2174